한국의 법치주의는 죽었다

金平祐

조갑제닷컴

序 文

憲裁재판관의 8명 전원 '탄핵 인용 결정'은 '사법 쿠데타'로 후세에 평가될 것!

이번 박근혜 대통령 탄핵은 박근혜 대통령 개인에 대한 탄핵이 아니라 이 나라 법치주의에 대한 도전이고, 더 나아가 자유·민주·법치의 대한민국 國是(국시)를 민족·민중·인민 민주주의 주체사상으로 바꾸려는 대한민국 國是에 대한 도전이다. 또한 인간의 母體(모체)인 여성의 인격과 프라이버시를 짓밟는 인간성에 대한 도전이며, 끝으로 故意(고의) 없이 저질러진 인간의 개인적 허물과 실수를 범죄로 몰아 집단으로 돌을 던지는 야만적인 만행이다. 이는 "너희들 중에 죄 없는 자만 돌을 던지라"는 神聖(신성)한 가르침에 대한 도전이다.

탄핵에 따른 그 모든 절차와 행동들은 마치 박근혜 대통령 개인에 대한 정치적 심판인 것과 같은 외관을 취했다. 많은 국민들은 탄핵의 실상을 전혀 눈치 채지 못했고, 결국 탄핵은 박근혜 대통령 개인에 대한 인

박근혜 前 대통령과 기념촬영한 著者.

기투표로 변질되고 말았다. 탄핵에 따른 모든 절차, 심지어는 재판절차까지도 다수의 국민에게 인기가 없다는 단 한 가지 이유로 아무 죄도 없는 박근혜 대통령을 인민재판식으로 파면하여 후다닥 끝이 났다.

이는 1960년대 중국에서 毛澤東(모택동)의 막후 연출에 따라 홍위병들이 국가주석 劉少奇(유소기)를 끌어다 고깔을 씌우고 '자본주의의 走狗(주구)'라는 터무니없는 죄명을 적어 국가주석직에서 끌어 내린 뒤 끝내 軟禁(연금)상태로 죽게 만든 것과 너무나 흡사하다.

21세기 선진국이라 자처하는 대한민국에서 어떻게 이런 야만적인 정치 만행이, 그것도 법의 탈을 쓰고, 80퍼센트 이상의 국민들이 환호를 지르며 축배를 들거나 아니면 못 본 듯이 외면하는 상태에서 진행될 수 있을까?

그 책임의 대부분은 본분을 잃고, 박근혜 대통령을 下野(하야)시키기 위해 홍위병으로 나서 朴 대통령을 잡는 수사기관, 재판기관으로 전락한 이 나라의 '쓰레기 언론' 때문이다. 그 다음은 인기투표에 연연하는 무책임한 저질 정치인, 그리고 법치를 교과서에서 사법시험 칠 때만 배우고 실제에서는 전혀 적용할 줄 모르는 법에 無知(무지)한, 그러면서도 누구보다 법을 잘 안다고 허세를 부리는 오만한 법조인들에게 있다고 나는 믿는다.

이제 대한민국에서 법치주의는 죽었다. 어쩌면 이미 오래 전에 죽었는지도 모른다. 단지 공식적인 사망선고가 이번 탄핵심판 인용 결정으로 내려진 것인지도 모른다. 2017. 3. 10. 헌법재판관 8명이 '전원 일치'로 내린 박근혜 대통령 탄핵심판 인용 결정은 헌법재판관들이 헌법과 법률에 위배하여 대한민국 대통령의 직위를 박탈하는, 실질상의 '사법 쿠데타'를 일으킨 것으로 후세의 역사는 평가할 것이다.

끝으로 박근혜 대통령님이 앞으로 더 겪어야 할 고난을 생각하면 가슴이 미어진다.

박근혜 대통령님, 이제 당신은 한국 민주주의, 법치주의의 순교자가 되셨습니다. 역사는 당신을 영원히 기억할 것입니다. 위대한 '순교자 대통령'으로. 이 책을 당신께 바칩니다. 이것이 현재 제가 당신께 드릴 수 있는 최선의 위로입니다. 용서하십시오. 이 못난 법률가를.

2017. 3. 20.

법치와 애국시민 金平祐

차 례

序文 … 7
憲裁재판관의 8명 전원 '탄핵 인용 결정'은 '사법 쿠데타'로 후세에 평가될 것!

혁명검찰로 변한 特檢을 몰아내야 한다! … 12
나는 기꺼이 朴 대통령 변호인단에 참여할 것이다! … 22
'朴 대통령 탄핵'은 인간성, 國是, 그리고 神에 대한 도전! … 28
탄핵심판에 관한 법조인의 의견 … 48
탄핵심판에 관한 법조인의 추가 의견 … 53
준비서면 … 56
기피신청서 … 96
지금 국회는 국민 여러분이 뽑은 대통령을 '속임수 탄핵'으로
내쫓으려 하고 있습니다! … 99
진정한 법치주의는 不義에 분노하는 것입니다! … 103
준비서면 2 … 110
변론재개신청서 … 139
'제2의 자유·민주·법치 대한민국 建國'을 선언한다! … 150
세계적으로도 유례가 없는 헌재의 불공정한 탄핵재판 진행 … 157
朴 대통령 탄핵소추는 기각이 아니라 却下(각하)되어야 한다 … 163
국회의원 234명은 헌법에도 없는 '대통령 불신임'을 의결하여
朴 대통령을 청와대에 유폐시켰다! … 166

憲裁는 自滅(자멸)하지 말라! 8인 재판은 원천무효이다! ··· 170

황교안 대행은 9인 헌법재판소를 만들기 위해 신임 헌재소장을
하루빨리 지명하라! ··· 175

박영수 特檢은 전대미문의 '검찰 공포시대'를 연출했습니다! ··· 181

사랑하는 법치와 애국의 부산, 경남시민 여러분! ··· 184

이번 탄핵은 반역세력들의 대한민국 國是에 대한 도전입니다! ··· 192

이 나라 법치주의는 죽었다. '제2의 건국투쟁'으로 나아가자! ··· 197

헌재의 탄핵인용 결정은 원천무효입니다! 재심 청구부터 시작합시다! ··· 209

한국 사회를 전체주의로 몰아가는 언론 ··· 215

'한국의 미란다' 우종창 志士 만세! ··· 220

자료

헌법재판소의 탄핵 심판 타임라인 ··· 228

김평우 변호사의 탄핵 변론 타임라인 ··· 230

대통령 의견서(최후변론) ··· 231

A(이정미, 강일원 재판관) 對 B(김평우 변호사)의 헌법해석 비교 ··· 243

헌법재판소 탄핵선고 결정문 要旨 ··· 246

헌법재판소 재판관 프로필 ··· 256

혁명검찰로 변한 特檢을
몰아내야 한다!

혁명검찰로 변한 특검의 칼날이 내 목을 치기 전에 권력에서 몰아내야 한다.
위법 · 위헌으로 임명된 박영수 특검을 해임시켜야 한다.

　박영수 特檢(특검)에 대한 우려의 목소리가 터져 나오고 있다. 지난주엔 박영수 特檢이 우리나라를 대표하는 기업 삼성전자의 이재용 부회장을 뇌물공여 혐의로 拘束(구속)할 것이라는 기사가 국내외 언론에 보도되었다. 박영수 특검은 대검 중수부장 시절 SK그룹의 최태원 회장과 현대자동차 그룹의 정몽구 회장을 구속했는데, 이번에 특검 검사로서 삼성그룹의 이재용 부회장을 구속한다면 우리나라 3대 그룹회장을 모두 구속하는 그야말로 그룹회장 킬러가 될 뻔했었다.

　미국 등 선진국에서는 기본적 인권으로 인정되고 있는 保釋(보석) 제도가 우리나라에는 없다(우리나라에서는 사실상 病보석만 인정되고 보증금을 내고 석방되는 진정한 보석은 거의 허용되지 아니한다). 그렇기 때문에, 우리나라에서 拘束은 검사가 피의자를 최소한 20일간은 아무 때고, 마음대로 불러서 신문할 수 있고, 기업의 모든 장부를 압수하여 바로 기업 활동을 마비시킬 수 있는 무시무시한 형벌이다. 拘束(구속)되면 재판이 끝날 때까지 기업체 회장, 사장, 임원들은 몇 달간 구치소에서 푸른 죄수복을 입고, 전화도 못하고 가족도 못 만난다(특별면회라는 좁은 문을 통하지 않으면 안 된다). 완전히 감옥생활이다.

 유죄판결이 날 때까지는 무죄로 추정한다는 헌법의 인권 정신은 어디에도 없다. 반면 미국 등 선진국에서는 保釋(보석)을 기본적 인권으로 인식하고 있다. 피의자 즉 범죄혐의자를 拘束할 시에는 반드시 돈 얼마를 현금 또는 증서로 내면 석방이 된다는 保釋(보석) 조건부이다. 피의자가 따로 保釋申請(보석신청)을 낼 필요도 없다. 이렇다 보니 형사피의자라고 하여 유죄판결도 나기 전에 拘束되는 사람은 거의 없다.

 단지 保釋(보석)기간 중에는 여행이 제한되고 재판 날 출석한다는 의무가 있을 뿐이다. 결국 拘束(구속) 자체는 별 일이 아니다. 큰 뉴스거리가 안 된다. 불행히도 우리나라에는 이런 수사 단계에서의 보석제도가 없다. 형사소송법에 있는 보석 규정은 검사의 수사가 완료된 이후에, 즉 기소한 후에 별도로 피의자가 신청해서 하는 보석인데 실제로는 病保釋(병보석) 이외에는 허가되는 일이 매우 드물다. 피고인이 범행을 자백한 경우가 아니면 허가는 기대할 수 없다.

 결국, 우리나라에서 구속은 그 자체가 무서운 형벌이므로 기업가들이 특별수사부(약칭 특수부), 중앙수사부(약칭 중수부), 특별 검사(약칭 특검)에게 잡혀가 구속이 되었다 하면, 이제 그 기업은 망했구나라고 일반인들이 생각하고 거래를 꺼려 멀쩡한 기업도 진짜 망한다. 그러니 잡혀간 사람들은 검사가 원하는 대답을 예, 예라고 무조건 대답하지 않을 수 없다.

拘束이 自白(허위자백일 가능성이 높다. 본의가 아닌 강요된 진술이라 진실과는 거리가 있다고 볼 수밖에 없다)을 낳고, 自白이 有罪를 만드는 우리나라의 원시적인 수사, 재판 구조가 바로 여기서 나온다. 우리나라의 법치주의가 제대로 안 되는 근본 원인이 바로 保釋제도의 미비에서 오는 것이다.

어쨌든 잡혀간 당사자들은 이제 내 인생은 끝났구나 생각한다. 그래서 상당수의 기업가들이 저들에게 잡혀 가기 전에 자살을 했다. 오죽하면 현대그룹 회장 정몽헌 씨, 심지어는 대통령까지 지낸 盧武鉉(노무현) 씨가 자살을 하였겠나(만일에 외국처럼 保釋을 기본적 인권으로 헌법에 규정하였으면 이런 불행한 일들이 없었을 것이다).

이런 역사적 배경 때문에 중앙수사부(중수부)는 없어졌다. 그런데 아직도 특수부와 특검은 남아 있다. 이제 특검이 종전의 중수부가 하던 일을 모두 도맡아 한다. 이름만 바뀌었지 하는 행태는 똑같다. 지금까지 박영수 특검이 해온 행동을 보니 범상하지 않다.

우선, 수사범위가 문제이다. 원래 박영수 특검은 최순실 비리를 조사하기 위해 만들었다. 그런데 소위 블랙리스트라고 하여 문화체육부의 업무문서를 조사하여 이것이 헌법의 언론자유를 침해했다는 이유로 문제부의 고위직 공무원들을 구속했다. 필자가 아무리 박영수 특검법을 보아도 박영수 특검의 조사 대상에는 없는 항목이다. 그런데도 영장이 발부되었다.

과연 담당 법관은 박영수 특검의 조사대상을 확인해 본 것일까 의문이 든다. 설사 조사대상에 들었다고 가정하더라도 조사대상이면 무조건 범죄란 말은 아니다. 블랙리스트이든 레드리스트이든 공무원이 업무상 필요해서 리스트를 만드는 것은 정당한 업무이지 그것 자체가 위법, 위헌이 될 수는 없다. 경찰·검찰도 소위 수사 대상자, 관찰 대상자 등의 리스트를 만들어 수시로 상태를 체크하는 것으로 안다. 그러면 그런 리스트도 헌법상의 인권 침해니까 범죄가 되어야 할 것 아닌가? 자기네가 하는 것은 합법이고, 다른 부처 공무원이 만드는 업무 리스트는 위법, 범죄라고 할 수는 없을 것이 아닐까? 이해가 안 된다.

원래, 범죄가 되려면 죄형법정주의 원칙상 실정법에 처벌규정이 있어야 한다. 공무원은 블랙리스트 만들지 말라, 만들면 처벌한다는 형사처벌 법률이 대한민국 법전 어디에도 없다. 그러니까 경찰·검찰도 수사대상, 요 관찰 대상자 명단을 만드는 것이 아니겠나? 헌법상 언론의 자유를 침해한 범죄라는 죄도 없다. 헌법의 언론의 자유 원칙에 위반되면 헌법 소송, 행정소송을 하여 헌법위반인지 아닌지 헌법재판소가 판결하는 것이지 특검이 헌법위반까지 판결하여 헌법위반으로 사람을 구속하여, 헌법위반죄로 기소하는 것은 아니다.

형법책 첫 장에는 죄형법정주의가 나온다. 죄와 형벌은 법률로 정한다는 아주 기본적인 헌법원칙, 형사법 원칙이다. 그런데 박영수 특검은 이 기본원칙을 무시하는 것이 아닌가? 이런 사람이 특검의 칼자루를 잡았으니 정말 나라가 걱정이다. 아니 보다 근본적으로 이런 이상한 특검이 마구잡이로 청구하는 영장을 법관이 그대로 발부하는 것은 더 큰 문제이다.

이렇게 되면 박영수 특검의 말이 바로 대한민국의 법이라는 이야기가 된다. 뿐만 아니다. 박영수 특검이 인터폴에다 정유라는 여학생을 테러리스트급 중범죄인 명단에 넣어 체포를 의뢰했다 한다. 모친 최순실의 입을 열게 하기 위해 잡아들인다고 하니 이쯤 되면 일제시대 일본 特務(특무)경찰, 헌병들이 우리나라 독립운동가들을 잡아서 자백을 받으려고 쓰던 수법과 무엇이 다른가!

오늘은 삼성그룹이지만 내일은 무슨 대기업이 될지 아무도 모른다. 미르재단, 케이스포츠 재단에 출연한 모든 대기업의 총수들이 언제 잡혀갈지 몰라 외국 출장도 못 가고 떨고 있다 한다. 이들 대기업에 연관이 있는 수백, 수천의 중소기업들도 모두 언제 불똥이 자기에게 튀어 잡혀가고, 세무조사 당할까봐 초긴장이 될 것은 정한 이치이다.

문화계, 행정부, 기업 이렇게 온 나라가 다 공포 속에서 떨고 있다. 과연 이것이 특검의 임무이고 사명인가? 아니다. 특검은 원래 이렇게 온 나라를 공포에 몰아넣자고 만든 제도가 아니다.

원래 특검제도는 미국에서 권력형 비리를 권력으로부터 독립된 수사관이 조사하는 관습법(common law)상의 수사 제도였는데 1972년 워터

게이트 사건 때 닉슨 대통령 및 그의 백악관 참모들이 워터게이트 침입 사건의 축소, 은폐에 관련되었다는 의혹을 강하게 받자, 관련이 없다는 대통령과 측근들의 말을 믿고 연방정부의 법무부 장관이 의혹을 해소시킬 목적으로 검사경력이 있는 하버드 법대 교수(Archibald Cox)를 독립검사(미국명은 Independent Prosecutor)로 임명하여 조사를 시킨 것이 시초이다. 그런데, 이 독립검사가 백악관의 업무녹음 테이프를 조사하려 하자 닉슨 대통령이 콕스 독립검사를 해임하여 대통령과 의회 간에 본격적인 권력싸움이 벌어졌고 그것이 끝내 의회의 탄핵시도와 대통령의 辭職(사직)으로 이어진 것이다. 그 후 미국 연방의회는 관습법상의 독립검사제를 참고하여 정부윤리법(The Ethics in Government Act) 제6장에 독립검사법(Independent Counsel Law)을 제정하기에 이르렀다.

그러나, 미국의 이 독립검사 제도에 대하여는 미국 내에서부터 비판이 많다. 제일 문제가 실효성이다. 짧은 시간에 제한된 인력으로 권력형 비리를 조사한다는 것이 결코 쉬운 일이 아니다. 대부분의 독립검사들이 국가 예산만 낭비하고 별 성과를 못 거두었다.

미국에서 무슨 새로운 제도만 생기면 바로 수입하여 실험하는 것이 우리나라의 버릇이다(그러면서도 정작 미국 민주주의의 기초인 법치주의는 하나도 안 배운다. 뿌리는 안 배우고 최신 브랜드, 겉모양만 좋아하는 것 같다).

우리나라는 1999년 김대중 대통령 시절 속칭 검찰총장 부인에 대한 옷 로비 사건 때 처음 특검제를 도입한 이래 2016년 최순실 게이트에 대한 박영수 특검에 이르기까지 17년 동안에 총 12회의 특검이 운영되었다. 아마도 세계에서 가장 특검 운용률이 높은 나라일 것이다. 그런데, 사후 평가는 별로다. 성과가 있었던 적이 단 두 번이다. 나머지는 혐의를 발견 못한 채 의혹만 그대로 남겼다. 심지어는 특검이 기소한 사건이 법원에서 무죄가 된 사례도 있다. 그래서 특검 無用論(무용론)이 나온다.

원래 권력형 비리라고 하는 것은 수사하기가 쉬운 것이 아니다. 홍콩이나 싱가포르의 예를 보면, 권력구조와 권력비리에 대하여 오랜 수사경험을 가진 수사요원들이 있고 그 요원들이 몇년 몇십 년 정보, 즉 노하우를 축적하여야 성과가 나온다. 권력형 비리에 대한 전문지식도 없이 청렴하다 하여 또는 중립적이다 하여 갑자기 임명을 받아 몇 달 정도 수사하는 것으로는 성과가 나올 수 없다.

그러나 정말 경계할 일은, 특검의 성과가 없다는 것이 아니다. 오히려 박영수 특검처럼 자신의 수사경험을 믿고 짧은 시간에 성과를 내려고 무리를 할 때 생기는 권력남용이다. 특검이 과욕을 부려 여기저기 마구 쑤시고, 무조건 구속부터 해서 허위 자백을 받아내기 시작하면 걷잡을 수 없게 된다. 피의자를 구속해서 자백을 받아내는 것은 그렇게 어려운 일이라고 할 수 없다. 조선시대 관리들도 했고, 아프리카·남미 같은 나라에서도 다 한다.

우리나라 경찰도 얼마든지 할 수 있다. 그렇게 수사할 거면 굳이 특검을 만들어 엄청난 예산을 낭비할 필요가 없다. 정말로 수사 기술, 실력이 있다고 하려면 피의자를 구속하지 않고 즉 외국처럼 피의자가 보석에서 풀려나 변호인을 대동하고 검찰과 대등한 자유의 상태에서 증거를 찾아내 그 증거를 가지고 법원으로부터 유죄판결을 받아야 정말 실력 있는 특별 검사이다.

그런데, 지금 박영수 특검은 독립검사 본래의 취지에서 벗어나 무소불위의 수사 권력을 행사하는, 마치 혁명검찰 같이 행동하는 것 같다. 근본 문제는 박영수 특검의 출발 그 자체가 적법하지 않다는 데 있다고 본다.

이번 박영수 특검은 2016년 11월22일 국회가 만든 법률에 따라 90일 시한부로(연장은 가능) 최순실 게이트 15개 의혹사건을 조사하기 위해 설립된 임시 수사 기구이다. 그런데 이 법은 특검의 임명절차에 대하여 처음부터 이상하게 시작했다. 원래 특검은 국회가 임명권을 행사하거나 아니면 국회가 대법원장이나 대통령에게 임명권을 위임하는 것이 관례이다. 그런데 이 법은 국회가 아닌 국회의 '더불어민주당' 및 '국민의당' 두 개 야당이 추천권을 행사하도록 되어 있다. 대통령은 이 두 야당의 추천을 받아 임명권을 행사하도록 법률로 규정하였다. 삼권분립의 원칙상, 대통령에게 추천권을 행사하는 헌법기관은 국회가 되어야지 국회의 내부 기관에 불과한 정당이, 직접 대통령에게 추천권을 행사하는 것은 그 자체가 위헌이다. 이는 마치 대법원장이 아니라 대법원장 비서실장이 대통령에게 법관추천을 하는 것과 같다.

대통령에 대한 결례도 보통 결례가 아니다. 이것은 대통령에 대한 모욕이다. 뿐만 아니다. 야당만 추천을 하면 야당의 특검이 되지 어떻게 권력으로부터 독립된 중립적 특검이 된다는 말인가? 그런 점에서 박영수 특검은 그 임명절차부터 헌법에 위반되고, 특검법의 정신에 어긋난 위법·위헌의 특검이다.

필자가 보기엔 박영수 특검이 지금처럼 이렇게 혁명검찰처럼 이상하게 행동하는 것은 그 출발 자체가 졸속으로, 순전히 야당의 정치적인 목적에서 이루어졌기 때문이라고 본다. 지금 이 나라는 비정상이다. 법치주의가 고장났다. 국회가 삼권분립 원칙을 무시하고 대통령의 권한을 찬탈하고 있다. 헌법과 특검법의 정신에 어긋난 불법 특검이 혁명검찰처럼 온 세상을 마구 뒤지고 멋대로 구속한다. 법원은 특검의 서슬에 눌려(?) 죄형법정주의의 기본 원리도 안 지키는 특검의 영장청구에 눈 감고 도장을 친다.

박영수 특검이 조선의 총독처럼 국민 위에 군림하여 온 국민을 공포의 도가니에 몰아넣고 있다. 박영수 특검의 이 횡포를 우리 국민이 못 막으면 이 나라는 단언컨대 1960년대 중국의 문화혁명처럼 공포의 무법천지가 될 것이다. 이런 공포 상황에서는 헌재의 탄핵재판도 제대로 될 리가 없다. 박근혜 대통령 한 사람의 위기가 아니다. 우리 모두의 안전과 재산이 위태롭다.

미국 독립전쟁시 벤자민 프랭클린의 유명한 말이 있다. 우리 모두 뭉치지 않으면, 틀림없이 각자가 교수형을 당한다(We must hang all together or most assuredly we will hang separately.).

공포와 싸우려면 뭉쳐야 한다. 흩어지면 공포에게 하나씩 하나씩 당한다. 혁명검찰로 변한 특검의 칼날이 내 목을 치기 전에 권력에서 몰아내야 한다. 위법·위헌으로 임명된 박영수 특검을 해임시켜야 한다.

2017. 1. 18.

김평우

나는 기꺼이 朴 대통령
변호인단에 참여할 것이다!

이 나라의 변호사인 이상, 피해자 박근혜 대통령이 위헌·위법한 탄핵소추의 억울한 희생자가 되지 않도록 법정에 나가 그를 변호하는 게 당연한 책무라고 확신한다.

> 당시 한 원로 변호사는 "아무도 대통령 변호인단에 참여하지 않으려 하는 사회 분위기 속에서 김평우 변호사는 변호사들이 왜 박근혜 대통령 변호인단에 참여하여야 하는지 그 이유를 당당히 법률신문 광고로 밝히고, 변호인단에 참여하였다"고 평가했다. 그는 "金 변호사의 광고 이후, 다수의 변호사가 변호인단에 참여하는 등 분위기가 바뀌었다. (金 변호사가) 그에 따른 선도적 역할을 했다"고도 했다.

내가 로스엔젤레스에서 인천공항으로 날라 온 게 지난 달 29일이니, 오늘로 고국에 온 지 열 하루째이다. 그동안 나의 학교 동창들과 법조계의 여러 선후배, 그리고 언론계를 포함한 사회 각층의 지인들을 만나 이야기를 들었다. 그리고 지난 토요일, 태극기 집회에 직접 나가 수십 만의 인파가 눈물을 흘리며 탄핵반대를 외치는 것을 내 두 눈으로 분명히 보고 나도 그 분들 앞에서 인사하고 한 마디 하는 기쁨을 가졌다.

그런데도 그 다음날 이 나라의 방송, 신문 등 소위 公營(공영), 主流(주류)를 자처하는 언론매체들은 이 태극기 집회를 마치 소수의 박사모들이 오로지 광화문 광장에서 열리는 이 나라 주인들의 신성한 촛불집회를 방해하기 위해 일부러 그 주변의 시청이나 청계천에 모여 시끄러운 구호나 외치는 집회인 양 '맞불집회'라는 다분히 악의적인 이름을 붙였다. 참여자 숫자도 애써 감추거나 축소하고 있는 언론왜곡 현실, 즉 '쓰레기 정보 만들기'를 두 눈으로 똑똑히 확인하였다.

많은 사람들이 나에게 묻는다. 박근혜 대통령 변호인단에 참여하느냐고, 언제 참여하느냐고? 나는 즉답을 하지 않았다. 무슨 의도가 있어서가 아니다. 변호사 윤리규칙 때문이다. 변호사 윤리규칙에 의하면, 변호사와 고객(클라이언트) 관계는 신뢰관계이다. 변호사는 正義와 진실의 대변자이다. 권력으로부터 부당한 핍박을 당하는 약자, 피해자의 대변인이다.

나는 지난해 11월부터 시작된 이 사건, 즉 '12.9 탄핵정변'의 진행과정을 지켜보면서 이 나라의 모든 언론이 한 날, 한 시에 최순실이라는 한 여인의 사소한 비리를 가지고 '국정농단'이라는 조선시대의 어마어마한 탄핵용어를 써가며, 의도적이고, 계획적이고, 악의적인 쓰레기 보도를 숨가쁘게 쏟아내고 있다. 촛불집회엔 어린 학생들까지 나와 朴 대통령 下野(하야)를 외치고 있다. 언론노조와 교원노조를 장악하고 있는 이 나라의 소위 진보·좌파들이 정권쟁탈의 의도를 가지고 대한민국 헌법이 보장한 언론의 자유와 집회의 자유를 악용하고 있는 것으로 보인다.

만일 朴 대통령이 下野를 거부하면 야당이 지배하는 국회가 朴 대통령을 탄핵결의하여 직무를 정지시키겠구나 하는 것을 직감하고 있었다. 이영렬 서울중앙지검장이 최순실 게이트에 대한 수사결과를 발표하면서 소위 '수사의견'이라는 미명하에 朴 대통령을 최순실 게이트의 숨은 主犯(주범)이라고 단정하는 반역적인 행위를 저질렀을 때, 저들이 최순실 게이트를 이용해 朴 대통령을 탄핵하려 하는 것을 확신했다.

2016. 12.9. 국회가 번갯불에 콩 볶아 먹듯이 단 며칠 만에 졸속으로 탄핵소추를 의결하였을 때, 탄핵이 朴 대통령의 헌법파괴, 법률위반을 응징하여 나라의 법치질서를 되찾기 위한 순수한 탄핵이 아니라 언론, 검찰, 국회의 의도적인 권력쟁탈劇(극), 즉 조선시대 당쟁의 再版(재판)임을 확신하게 되었다.

며칠 뒤 친지로부터 탄핵소추장을 전해 받아 읽어 보았다. 그 소추장의 치졸하고 엉성한 법리구성과 논리구성, 용어 사용에 아연실색하였다. 과연 이것이 이 나라 국회의 역사적인 탄핵소추장인가? 과연 이 소추장을 쓴 사람이 법률가가 맞는가? 과연 이 소추장을 읽어 본 국회의원이나 국민은 몇 명이나 되는가? 그 수십, 수백 만의 촛불시위 참가자 중에 이 탄핵 소추장을 읽어 본 사람은 과연 몇 명이나 있을까? 2만 여명의 이 나라 법조인 중에 과연 몇 명이나 이 탄핵소추장을 읽어 보았을까? 아마도 5000만 이 나라 국민 중 탄핵소추장 全文을 읽어 본 사람은 아마 기백 명을 넘지 않을 것이다.

그런데도, 언론에는 대한변협을 비롯한 이 나라 거의 모든 사회단체, 시민단체, 학자단체들이 탄핵을 지지한다고 성명서를 냈다. 나는 그들에게 감히 묻고 싶다. 과연 당신들이 국회의 탄핵소추장 全文을 읽어 보았느냐고(나는 한국에 와서 만난 사람들 중에 탄핵소추장 全文을 읽어 보았다는 사람을 아직까지 단 한 사람도 만나보지 못했다).

어쨌든 나는 며칠간 잠을 못 잤다. 가슴이 답답하고 한숨이 나와 식사도 할 수 없었다. 쓰레기 언론에 눈과 귀, 입을 모두 봉쇄당해 질식 상태에 이른 이 나라 국민들에게 나라도 법조인으로서 진실과 정의를 알려야 한다는 사명감이 생겼다. 저들이 매일, 매시간, 매분 쏟아내는 산더미 같은 쓰레기 정보들에 우리 국민이 모두 숨 막혀 질식사하기 전에 나라도 신선한 진실과 정의의 새 바람을 불어 넣어 나의 동족과 나라를 살리는 응급 구조작업을 해야 한다고 다짐했다. 나의 同族(동족)과 조국을 위해 이런 의로운 일을 하다 죽으면 영광이라고 생각했다.

본론에 들어간다. 이 사건 탄핵소추는 헌법상의 적법절차에 맞지 않는 違憲(위헌)·違法(위법)의 탄핵소추이다. 이 사건 탄핵소추장에 적힌 내용들은 法理(법리)에도 맞지 않고 적법한 증거도 없다. 순전히 쓰레기 언론 보도와 정권 찬탈의 야욕에 사로잡힌 黨爭(당쟁) 정치인들의 일방적인 심증 뿐이다. 이제 와서 부랴부랴 박영수 特檢(특검)을 시켜 마구잡이로 사람을 잡아 들여 억지 자백을 받아내 그걸 가지고 헌재에 이미 제출된 탄핵소추장을 고쳐 가지고 억지 탄핵심판을 끌어내려고 한다.

그런다고 해서 이미 저질러진 소추절차의 위헌성, 위법성이 없어지는 것이 아니다. 뿐만 아니라 이미 적법수사도 증거도 없이 마구잡이로 탄핵소추한 연후에 사후에 수사하여 증거를 제출하는 그 자체가 증거에 의한 소추를 요구하는 것도 헌법의 적법절차 원칙에 위반된다. 권성동 국회 법사위원장이 국회의 동의절차도 없이 멋대로 탄핵소추장을 변경하는 그것도 위헌이다. 탄핵소추장의 내용을 변경하려면, 탄핵소추 결의 때와 마찬가지로 국회의원 3분의 2의 찬성이 필요하기 때문이다.

이와 같이 이 사건 탄핵소추는 절차와 내용, 탄핵의 동기 등 모든 것이 위헌·위법이다. 그렇다면 탄핵의 직접 상대방인 박근혜 대통령은 국회의 이런 違憲·違法한 탄핵소추 결의로 직무가 부당하게 정지된 피해자이다. 더 나아가 이 나라의 쓰레기 언론의 거짓 정보 만들기, 검찰의 위법한 검찰권 행사, 특검의 야만적인 인권침해의 피해자 아닌가?

대통령도 한 사람의 국민이다. 모든 국민은 변호사의 조력을 받을 헌법상의 권리가 있다. 최순실이라는 나쁜 친구를 두었기 때문에, 국민과 소통을 할 줄 모르기 때문에 (사실은 국민이 아니라 쓰레기 언론과 소통을 하지 못해서), 재판이 길어지면 나라가 시끄럽기 때문에 인간 박근혜가 무조건 죽어 주어야 한다는 야만적이고, 잔인한, 非인도적, 非인간적 논리에 나는 동의할 수 없다.

정치를 잘못했기 때문에 대한민국 국민이 아니란 말인가? 죄를 저질렀기 때문에 대한민국 헌법이 정한 인권을 보호 받지 못한다는 말인가? 박사모가 되어야만 박근혜 대통령을 변호할 자격이 있고, 나 같이 박사모가 아닌 사람은 朴 대통령을 변호할 자격이나 책무가 없단 말인가?

나는 동의할 수 없다.

    내가 이 나라의 변호사인 이상, 피해자 박근혜 대통령이 위헌·위법한 탄핵소추의 억울한 희생자가 되지 않도록 법정에 나가 그를 변호하는 게 변호사의 당연한 책무라고 확신한다. 나는 정통파 순수 법치주의자이다. 違憲·違法한 탄핵소추의 피해자 박근혜 대통령이 공식적으로, 개인적으로, 나에게 도움을 청한다면 나는 기꺼이 그 요청을 받아들일 것이다. 또한 나의 최선을 다해 나의 고객을 도울 것이다. 그것이 변호사인 나의 직업윤리이다. 나와 뜻을 같이하는 이 나라 모든 변호사에게 동참을 간곡히 호소한다.

2017. 2. 8.

김평우

'朴 대통령 탄핵'은 인간성, 國是, 그리고 神에 대한 도전!

《탄핵을 탄핵한다》 출판기념 강연회 강연 녹취록 全文: "박근혜 대통령을 욕하고 쫓아내 속옷까지 벗기려는 야만적 시도, 하늘이 용서치 않을 것입니다."

저는 4년 반 전에 대한변호사협회장 2년 임기를 마치고 개인 사정이 있어서 한국을 떠나 미국 로스앤젤레스에서 연구생활을 하며 지냈습니다. 4년 반 동안 날씨가 참 좋아서 감기 한 번도 안 걸리고 오히려 더 건강해지는 것 같고, 오히려 더 평안히 행복하게 살았습니다.

저는 원래 TV나 신문을 잘 안보는 편이지만 특히 거기 가서는 한국의 TV나 신문을 전혀 안 봤습니다. 거기 나오는 현지 신문이 있는데 현지 뉴스가 대부분이고 本國(본국) 뉴스는 페이지가 몇 장이 있는데 거기 제목만 그렇게 읽어보고는 "뭐, 별일 없구나" 하고선 그냥 맨날 지나갔기 때문에 여러분들처럼 한국에서 일어나는 매일매일같이 일어나는 '쓰레기 정보'들에 오염되지 않았습니다.

어느 날 제가 우연히 LA 어느 식당에서, TV가 설치되어 있었는데 이렇게 보니까 '국정농단'이라는 단어가 띄었어요. 지금은 대한민국 사람 모두가 다 국정농단이라는 단어를 아시는 것 같아요. 그런데 사실은 국정농단이라는 단어는 대한민국 사람들이 잘 쓰는 단어가 아닙니다. 이거는 조선시대에 쓰던 古語(고어)에요. 뭐, 국정개입이라든지 국정관여라든가, 영어로는 이것을 무엇이라 표현하는가 싶어 봤더니 '폴리틱스 인볼브먼트(politics involvement)'라고 돼 있더라고요.

'탄핵'이 아닌 조선시대 黨爭과 유사

그런데 국정농단이란 이 단어는 조선시대의 탄핵용어입니다. 탄핵할 때 쓰는 단어에요. 조선시대 헌법전인 《經國大典(경국대전)》에는 여러 가지 죄명이 있지만 國政壟斷(국정농단)이란 죄명은 없습니다. 그런데 조선시대에 四色黨爭(사색당쟁)을 할 때 상대방 당파를 죽일 때 쓰는 단어가 바로 국정농단이라는 단어입니다. 저는 서강대학교에서 경국대전을 교재로 해서 '조선법제사', '한국법제사'를 2년간 강의한 적이 있어요. 그때 국정농단이란 단어를 제가 알았습니다.

그런데 어느 날 갑자기 한국의 언론보도에, TV·신문 다 합해서 하루 내지 몇 시간 간격으로 국정농단이란 단어가 등장하는 거예요. 갑자기. 한 번도 70년 대한민국 역사에 나타나지 않았던 단어가 어느 날 갑자기 등장하는 거예요. 저는 굉장히 그 순간에 쇼킹했습니다. 뭔가 예감이 떠오르더라고요. '아, 당쟁이 시작됐구나. 四色黨爭(사색당쟁)이 이 나라에 시작됐구나.' 저는 직감했습니다. 노론으로 소론을 때려잡고, 東人으로 西人을 잡고 소론이 南人을 잡던 四色黨爭, 우리나라를 멸망시킨 이 四色黨爭이 그동안 어디가 숨어 있더니 어느 날 갑자기 다시 나타나서 이 대한민국에 나타난 거예요. 어느 당파가 어느 당파를 죽이는가. 그래서 제가 가만히 분석을 해 보니까 소위 진보·좌파라고 하는 파가 보수우파라는 당파를 죽이는 것으로 저는 느껴졌습니다. "당파싸움이 시작됐구나." 제 불행한 예감이 그대로 맞더라고요.

조선시대 黨爭史劇(당쟁사극)을 다시 한 번 보세요. 오늘날 일어나고 있는 이 현실은 바로 수백 년 전에 조선시대에 일어났던 四色黨爭의 그대로 재판입니다. 제가 이 책에다가 썼어요. 이번 탄핵은 단순한 탄핵이 아닙니다. 당쟁입니다. 대한민국을 지키려는 보수우파들에 대해서 대한민국을 전복하려는 소위 진보·좌파들의 당쟁입니다. 그런데 불행하게도 한국에 사시는 많은 지혜롭고 많이 배우신 분들이 또 대한민국으로부터 누구보다도 많은 혜택을 받으신 분들이 전혀 눈치를 못 채고 있더라고요. 참 답답했습니다. 그래서 한 번도 한국 문제에 대해서 관심을 안 가졌던 제가 그때부터 리서치를 시작했어요. 제 예감이 맞았나, 안 맞았나.

초인적인 힘에 의해 一筆揮之로 쓴 《탄핵을 탄핵한다》

저는 아까 權寧海(권영해) 장관님도 말씀하셨지만 원래 이과생이었어요. 저는 원래 수학을 굉장히 잘 했고 또 좋아했습니다. 특히 전 중학교 때부터 유클리드 기하학이 너무 재미있어 가지고 매일 그것을 읽고 또 읽

출판기념 강연회에서 강연 중인 著者 / ⓒ 유우상

고 실험해보고 그랬어요. 그리고 프랑스의 블뢰즈 파스칼이 쓴 《팡세》라는 책이 있는데 저는 그 책이 너무 좋아 정말 끼고 다녔어요. 이렇게. 그리고 언젠가는 나도 이런 책을 써야지. 그게 중학교 때부터 그랬습니다. 제 평생의 꿈이 나도 저런 《팡세》와 같은 책을 한 번 써 봤으면 했어요.

그런데 어떻게 하다 보니까 이런 책이 한 권 나왔습니다. 전 이번 기회에 제 평생에 써보고 싶었는데 한 번도 못 써본 생애 첫 책을 내게 된 것을 감사하구요. 특히 이것을 내주신 趙甲濟(조갑제) 선생님께 저는 평생 감사드리겠습니다. 아울러 제가 감사드릴 사람이 사실 여러 분이 있습니다만, 오늘 이 자리에는 제가 한 사람만 소개하겠습니다. 한연금 씨, 저의 집사람입니다.

저희 집사람 참 고생 많이 했어요. 왜냐하면 제가, 여러분 아시겠지만 글 쓴다는 것, 글을 쓰다 보면 정신을 집중해야 하기 때문에 사람이 날카로워지잖아요. 제가 성미가 급한 단점이 원래 있긴 있습니다만 이 책을 시작하고부터는 정말 죄송해요. 내 우리 집사람한테 만날 신경질을 부리고 화를 냈었어요. 집사람이 '당신 정말 나이 들더니 이렇게 화를 잘 내는 이상한 사람이 되는 거야' 하면서 저를 야단치더라고요. 지금 생각해 보니까 너무 긴장했던 것 같아요. 왜 그러냐 하면 趙甲濟 선생님께서 시간을 정해 놓으시고 빨리 책을 내라고, 글을 쓰라고, 또 상황이 원체 토끼 눈알처럼 빨리빨리 돌아가는데 새로운 일이, 그 사람들은 미리 짜놓은 각본이 있으니까 착착 진행시킬 수 있죠. 딱 준비했다가 터뜨리는 거니까. 그런데 저는 거기에 대응해서, 혼자서, 옆에 아무 사람도 없이 로스앤젤레스에서 인터넷으로 보면서 이걸 쓰려고 하니까 막 짜증만 나고 그래서 밤에 보통 3~4시에 일어나서 정말 초인적인, 지금 생각해도 내가 어떻게 그렇게 했나 싶은데, 한 편 쓰는데 보통 두세 시간 썼습니다. 처음 시작해서 마칠 때까지 그야말로 한 필로 써내려갔어요.

그러니까 나오더라고요. 다음 글이 자꾸 이어지면서 그대로 나오더라고요. 만약 이거를 연구를 해서 썼으면 제가 생각할 때는, 여러분들을 감동시키는 글이 나오지 않았을 거예요. 저는 아무 생각 없이 제 머리에서 떠오르는 걸 그대로 쏟아내 버렸어요.

누구나 이해하기 쉽도록 썼다

그렇기 때문에 이 글은 무슨, 정교한 학술논문도 아니고 그렇다고 해서 유식한 학술적인 건 전혀 아닙니다. 어느 날 제가 여기 와 가지고 이 책의 사인회를 얼마 전에 한 적이 있는데, 100여 명의 분들이 줄을 서서 기다리시더라고요. 근데 아주머니 한 분이 저한테 이름을 써 드린다고 했더니, 남자 이름을 대시는 거예요. 그래서 '제가 누구세요?' 그랬더니 '제 아들이에요' 그래요. 그래서 제가 놀라서 몇 살인데요? 그랬더니 중학생이에요, 이러는 거예요.

그래서 제가, '아주머니 이 책은 좀 어려운 정치 법률 이런 걸 쓴 건데 어린애가 이걸 어떻게 읽을 수 있어요?' 그랬어요. 그랬더니 그 아주머니가 뭐라고 했냐 하면, '아뇨, 저 같이 배운 거 없는 아줌마도 그냥 읽어 보니까 뜻을 알겠어요.' 그러면서 '우리 아들은 천재라서 이 정도는 아무것도 아니에요' 그래요.

제가 좋아해야 할지 어리벙벙하더라고요. 한편으론 제가 그렇게 유치하게 썼나. 중학생들도 이해할 수 있다면 어떻게 보면 너무 간단한 것을 조잡하게 쓴 건 아닐까 이런 생각도 조금 들었는데 제가 아까 이런 이야기를 선배 원로 분들에게 말씀드렸더니 어떤 분이 그러더라고요. '이거 뭐 법률도 다 상식이기 때문에 누구나 읽으면 알 수 있는 거 아니냐'고 그러더라고요. 정말입니다. 저는 거기에 전적으로 동감해요.

法은 간단한 것이다

요즘에 특검이 하는 거 또 법원이 하는 거 이렇게 보면요. 진짜 憂患(우환)이에요. 진짜 걱정입니다. 너무 알아서 탈이에요. 법률은 그렇게 어려운 거 아니라는 걸 저는 확신합니다. 사실, 법률은요 굉장히 간단한 거라고 저는 믿고 있어요. 제가 한국에 있을 때는, 한국에서 공부할 때는 법률이 굉장히 어려운 줄 알았어요. 지금도 한국의 로스쿨에서는 대한민국에서 가장 머리 좋은 천재들을 불러다가 대한민국 법조문 수천 개 條文(조문)을 다 암기시키고 그래야만 시험에 합격하는 것으로 알고 있는 것으로 알고 있습니다.

정말 불행한 일이에요. 법률은 그런 것이 아니거든요. 기하학에서 아무리 어려운 기하학의 공식이나 문제도 뒤집어서 보면 그것을 분석을 해보면 결국은 이천 년 삼천 년 전에 피타고라스가 쓴 피타고라스의 정리라든가 유클리드가 쓴 기하학의 원리, 거기서 크게 벗어난 것 없습니다. 그거를 몇 개 합친 거예요. 단계적으로 발전시킨 것뿐이에요.

그런데 기초를 잃으면 모든 것을 잃습니다. 1000개 條文을 배우기 위해서 법률의 기본을 안 가르치다 보니까 우리나라의 수많은 천재 법조인들이 법률의 기본원리를 모르는, 피타고라스의 定理(정리)를 모르는 기하학 기술자들이 되어 있는 거예요.

아까도 저희 선배 원로 법조인과 말씀을 나눈 적이 있는데요. 이번에 여러분 보셨잖아요. 김기춘 비서실장 또 조윤선 장관님 이런 분들 구속영장 특검이 청구하니까 법관이 그대로 발부하고 있어요. 구속영장, 기소장 정말 길더라고요.

그러나 罪名(죄명)은 직권남용입니다. 블랙리스트를 작성한 것이 직권남용이에요. 공무원이 직무를 수행함에 있어서 권한을 남용했다는 거겠죠. 뭐 법조문에 그렇게 쓰여 있어요. 여러 조문들을 다 뜻풀이해 보면, 국어사전 놓고 이렇게 뜯어보면 누구나 해석할 수 있는 겁니다. 박영수 特檢(특검)만 머리 좋아서 해석할 수 있는 거 아니에요. 대한민국에 법관들만 알 수 있는 그런 거 아닙니다. 한국에 소위 한글을 이해하고 국어사전을 볼 수 있는 사람이면 알 수 있는 간단한 거예요. 직권이 뭐고 남용이 뭐고 공무원이 뭐고 우리나라 책에는, 법률 교과서에는 다 그 해설이 있어요. 그 해설만 읽어보면 아는데 뭘 가르치는지 모르겠어요. 국어사전을 보면 그만인데 왜 이걸 해설을 하고 있어요?

'고의성'이란 말은 왜 뺐나?

그런데 제가 보니까 그 사람들이 딱 한 가지 모르는 게 있더라고요. 뭐냐면 모든 범죄는 과실범이라고 특별히 규정이 있는 경우를 제외하고는 모든 범죄에는 고의가 있어야 됩니다. 그 조문에는, 120 몇 조인가 하는 직권남용 조문에는 '故意(고의)로'라고 하는 단어가 없습니다. "고의로 직권남용을 하였다"고 되어 있지 않고 그냥 "직권을 남용하였다"고 되어 있어요. 그러니까 이 머리 좋은 검사와 판사들이 '고의로'라는 말을 깜박한 것입니다. '고의로'라고 하는 것은 '직권'도 포함하지만 제일 중요한 포인트는 '남용'이에요. 죄가 되고 안 되고 하는 것은 '남용' 때문에 죄가 되고 안 되고 하는 거 아닙니까? 이 '남용'이라는 단어 하나 때문에 죄가 되는 거예요.

그런데 '남용'이라는 뜻은 누구나 국어사전을 펼쳐보면 알 수가 있습니다. 법률공부 안 해도. 그러나 법률상의 문제는 '고의로 남용'을 해야 돼요. 고의로 남용한 것이 아니면 아무리 남용했어도 죄가 안돼요, 처벌이 안돼요. 왜 그러냐고요? 그거는 刑法(형법) 총론에 보면 범죄가 성립되려면 객관적 요소 이외에 주관적 요소로서의 고의 또는 과실이 필요하다는 13조인가 몇 조인가… 저는 사실 條文(조문) 같은 거 외우는 사람은 아닙니다. 그래서 글 쓸 때도 몇 조라는 말을 안 써요. 그냥 제가 알고 있는 상식으로 말해요. 범죄가 성립되려면 故意로 어떤 건 과실로. 근데 과실범이 아니기 때문에 고의로 밖에 안 됩니다. 고의로 남용해야 돼요. 고의로.

不正이 正義가 된다면 이 나라는 끝난 것

그런데, 두 번째 법률 포인트가 그 '고의로'라는 입증 책임은 검사한테 있는 것입니다. 검사가 이 사람이 고의로 남용했다고 하는 걸 입증해야 됩니다. 어떻게 입증하냐고요? 간단하지요. 아주 간단하지요. 그거 모른다면 법률 헛배운 거예요. 입증할 기술도 없는 사람, 방법도 모르는 사람이 무슨 검사가 되고 판사가 된다는 말이에요.

미국의 로스쿨에서는 입증하는 방법을 1학년 때부터 배웁니다. 어떻게 '고의로'를 입증하느냐. 그 전에 처벌한 예가 있는 걸 알면서 그걸 하면 고의예요. 그렇기 때문에 선례가 고의 입증의 기본 방법입니다. 그런데, 대한민국의 판검사들은 '고의로'의 입증 책임을 피하기 위해서 우리는 미국 같은 先例法(선례법) 국가가 아니기 때문에 선례를 내놓을 필요가 없다는 궤변을 부리고 있는 겁니다.

'고의로'를 그냥 검사, 판사가 자기 마음대로 해석하면 된다는 거예요. 그렇게 말한다면 제가 한국법 처음 배울 때 느꼈던 질문에 봉착합니다.

무슨 질문인가 하면 도대체 해석은 누가 하는 거냐. 누가 해석해야 되는 겁니까? 아니, 국어사전 아는 사람이면 누구나 해석할 권리가 있는데 도대체 누구의 해석이 근거가 되는 거예요? 높은 사람이 해석하면 그게 옳은 겁니까? 대한민국의 책에 보면 다수설, 소수설 그래요. 다수가 해석하는 게 옳다는 거예요. 그 말이 맞습니까?

저는 기하학에서 그렇게 안 배웠어요. '삼각형 세 변의 각의 합은 180도.' 이거는 다수설이 아닙니다. 객관적 과학에 의해서 검증된 객관적 진실이에요. 그렇지 않습니까? 그렇다면 법률도 마찬가지여야 되죠. 다수설을 찬성하는 것이 진실이 되고 정의가 되면 안 되죠.

그런데 지금 권력자들은 국회에서 다수가 찬성하면 죄가 없어도 죄인이 되어야 되고 검사나 판사들은 권력 있는 자, 높은 자가 해석하면 그 사람이 아무리 틀렸더라도 그것이 진실이 되고 정의가 되는 것이라고 이렇게 국민들을 속이고 있습니다. 국민들이 바보입니까? 대한민국의 5000만 국민들이 그 사람들보다 뭐가 모자라서 그 사람들이 해석하면 진실이 되고 법이 된다는 말입니까. 거짓말도 진실로 만들 수 있고… (박수) 不正(부정)도 正義가 된다면 이 나라는 끝난 거죠. 끝난 겁니다.

"(탄핵) 반대하는 사람은 국민도 아니냐?"

그래서 저는 이번 탄핵에 대해서 여러분들보다는 조금 소박한 해석을,

마음을 가지고 있어요. 제가 한국에 와서 몇 분들 만나서 이야기 듣고 제가 놀란 것은 너무 너무들 많이 아세요. 너무 너무들 많이 알더라고요. 왜 그런 걸 다 알아야 돼요? 가장 본질적인 것은 하나도 모르면서.

제가 평소에 존경하던 어떤 법조 선배님께 질문을 했어요.

"선배님, 제가 보기에는 국회 탄핵소추가 잘못된 거 같아요. 선배님, 탄핵소추장 한 번 읽어보셨어요?" 그랬더니 안 읽어보셨다고 해요. 그 순간 저는 참 이상하게 생각했어요. 아니, 탄핵소추장을 읽어 보지도 않고 탄핵이 돼야 한다고? 아니, 이 분이 왜 이러시나? 평소에 안 그러시던 분인데. 그 다음부터 만나는 사람마다 "탄핵은 어때요?"하고 물으면, "탄핵은 돼야지. 박근혜 어휴… 너 몰라서 그런다. 이런 창피하다 창피해 이런 바보. 저 순실이 같은 어휴… 못된 ×을 가져다 국정 농단시키게 하고… 탄핵은 돼야지"라고 답합니다.

그래서 제가 그 친구한테 질문했어요.

"너 국정농단의 뜻은 아니?" 그랬더니,

"뭐? 국정농단? 그거 나쁜 거 아니야?" 해요.

"그거 형법 몇 조에 있냐?" 하니, 말을 못해요. 그냥 "형법?" 하고 금시초문처럼 되물어요.

"너 법률가 아니야? 너 사람을 처벌하려면 법전에 죄명이 있고 범죄사실이 있어야 된다는 거 너 모르니? 그 죄형 법정주의라는 거. 그거 우리 법과대학 2학년 때 형법 총론에서 제일 먼저 배운 거 아니야?"

"그러면 국정농단으로 탄핵이 되고 처벌이 되려면 형법에 '국정농단죄'

라는 게 있어야 될 거 아니야. 찾아봤어?" 그랬더니,

"하긴… 그… 없네." 그러면서 조금 당황하는 것 같더니, 곧 기분이 나빠져서 "어쨌든 잘못했으면 물러나야지. 왜 떼를 써?"

그래서 제가 그랬어요.

"가만히 둬도 몇 달 뒤면 물러나는데. 지금 꼭 물러나야 되나?" 그러니까, 고개를 갸우뚱하더니 "언제 물러나게 돼 있는데?" "허허 여보게 우리나라 헌법은 대통령 5년 단임제라는 거 자네 모르나? 2017년 12월달에는 박근혜 대통령이 아무리 막아도 선거하게 되어 있고 선거 해서 누구 뽑히면 박근혜는 출마도 할 수 없고, 누군가 나와서 경쟁할 거고 그러면 그 사람 대통령 될 거고, 그러면 박근혜 대통령이 무슨 수로 그 사람이 대통령 취임하는 것을 막을 수 있겠니? 그러면 2018년 2월에는 물러나지 않겠어?"

"그건 그렇지."

"그럼 그때까지 못 참어? 못 참을 무슨 특별한 이유라도 있냐?"

"하… 근데 너무 실수가 많은데…."

"글쎄, 많다는 거 얼마나 많아야 바로 물러나야 되고, 어느 정도 적으면 그때까지 가는 거냐? 그 기준은 뭐니?"

"기준이 어디 있어? 다들 그렇다면 그런 거지…."

"그거는 법치 아니잖아?! 모든 사람이 그렇다는 거는 어디 있는 거니?"

"하… 너 촛불 데모하는 거 못 봤구나."

전 안 봤거든요.

"수백 만이 나왔어. 촛불 들고."

그래서 제가 그랬어요.

"내가 생각할 때는 아무리 세어봤자 거 백 만 되겠냐? 이 서울광장에… 대한민국에 인구가 몇 만이야? 5000만이야 그거의 50분의 1도 안 되는데 그게 대한민국 민심이야? 그게 대한민국 국민의 마음이야? 나는 수학만 생각해서 그런지 그건 말이 안 되는 계산 같은데, 분명히 말해서 50분의 1 국민, 그렇게 말해야 되는 거 아니야? 아니 왜 그걸 뻥 튀겨? 50배 왜 마음대로 튀겨? '전 국민', '모든 국민' 이렇게. 그럼 반대하는 사람은 국민도 아니냐? 대한민국 국민 아니야, 그 사람들은? 나는 뭐야 국적이? 나도 대한민국 사람이야!"

저는 화가 났어요. 나를, 대한민국 사람을 무시하더라고요.

"우리 아버지도 애국자셨어. 대한민국을 위해서 싸우셨어. 테러를 여러 번 당하셨어."

인권을 외면하는 인권 변호사들

정말이에요. 저희 아버님 테러 많이 당하셨어요. 그 당시 때 모든 (소위 모든 이것도 조금 과장이지만 한국 사람들은 모든 단어에 과장이 붙어 있어요. 정확하게 수학적으로 표시는 못 하는데) 어쨌든 간에 70년 전에도 많은 문화인, 언론인, 지식인들이 지금의 진보·좌파하고 똑같았죠. 자기네들이 진보라 그랬고 자기네들이 믿는 공산주의가 선진사상이라고 믿었고 공산혁명을 하는 것이 봉건제를 타파하고 새로운 민주국가를 만드는 길이라고 그들도 믿었었죠.

그래서 많은 사람들이 북한으로 넘어갔고 서른네 살의 김일성이란 사람이 나라를 만들었죠. 북한, 오늘의 북한은 뭡니까? 그렇게 속인 사람들은 다 어디 갔어요? 지금도 그 수천만의 동족을 속이고 이웃을 속였던 사람들은 3代를 내려가면서 지금도 호의호식하고 있습니다. 여기에 분노할 줄 모른다면 저는 사람이 아니라고 생각해요.

저희 후배들 중에 민주 변호사 民辯(민변·민주사회를 위한 변호사 모임), 문재인 씨도 아마 그 멤버일 거예요. 인권 변호사 많이 있어요. 많이 있어요. 제가 대한변협 회장으로 있으면서 북한인권을 全세계가 규탄하고 있으니까 우리 대한민국의 변호사들도 다 목소리를 내자. 뭐 틀린 거 있냐. 인권은 국경도 없고 사상도 없지 않냐 우리도 세계인들과 어깨를 맞추어서 북한인권을 규탄하는 게 맞지 않냐. 말했어요.

묵묵부답이에요. 묵묵부답. 이 사람들이 民主가 뭔지 人權이 뭔지 모르는 건 분명히 아니거든요. 글 쓰는 거 보면, 이거는 민주주의에 반하고 이거는 인권에 위반되고 유엔 憲章(헌장) 몇 조에 위반되고… 아니 저렇게 잘 아는 사람들이 어떻게 해서 동족을 70년 동안 친구 아니 자기 친척들하고 편지조차 나눌 수 없는 세계 인류 역사에 이런 참담한 인권 유린은 없었습니다.

그런데도 거기에 대하여 침묵을 해야 된다고 생각하는 거예요. 제가 그 때 아… 이 사람들에게는 법치보다, 민주보다, 자유보다, 인권보다는 당파가 중요하구나 하는 것을 깨달았습니다. 그래서 제가 이 글에다가 나는 진보라는 사람들의 편에 서기를 거부한다. 왜? 그들은 진보가 아니기 때문에. 그들은 보수가 아니기 때문에.

진보도 아니고 보수도 아니고, 뭔가? 그들은 四色黨爭에 젖어있는 조선시대 양반들의 후손입니다. 옛날 우리 조선시대 때 사색당쟁하던 宋時烈(송시열) 선생님이니… 죄송합니다. 여기 후손들이 계시면 용서해 주십시오. 수많은 조선의 유학자들 학문적으로 얼마나 훌륭하셨는지 저는 모르겠습니다. 그렇지만 그분들이 당쟁 앞에는 유학도 없고, 진실도 없고, 정의도 없었어요. 자기 당파가 다른 당 사람을 잡는 거라면 거짓 疏狀(소장) 쓰는 것을 아무 죄로 생각 안했습니다. 상대방 사람을 붙잡아다가 고문을 해서 다 주검을 만들어 놓고도 그것이 잘못된 것을 몰랐습니다.

지금 똑같은 거예요. 제가 그래서 '공자曰, 맹자曰' 주문을 외우던 조선시대 양반들이 오늘날에는 '민주曰, 민족曰' 하고 구호를 외치고 외우고 있구나. 그들에게는 법치가 뭔지, 정의가 무엇인지, 국가가 무엇인지, 알려고도 하지 않고 언제부턴가 그들은 완전히 잊어버린 거예요. 조금만 더 말씀드리겠습니다. (박수)

인간성, 國是, 그리고 종교에 대한 도전

이번 탄핵은 박근혜 개인에 대한 탄핵이 아닙니다. 대한민국 國是(국시)에 대한 도전이에요. 법치에 대한 도전뿐이 아닙니다. 우리 대한민국 사람들은 武를 숭상하진 못했지만 그래도 文을 사랑하고 살아왔습니다. 文의 정신 속에는 휴머니즘이란 게 있어요. 그런데 박근혜 대통령에 대한 탄핵소추장을 읽고 있으면 특히, 세월호에 대한 부분을 읽고 있으면요. 여성에 대한 卑下(비하)뿐 아니라 인간성에 대한 완전한 도전을 느끼게 됩니다. 어떻게 해서 대통령이 자기 국민이 죽는 것을 故意(고의)로 방치했단 말입니까? 아니지 않습니까!

아까도 이야기했습니다. 故意로 한 것이 아니라면 죄가 될 수 없는 거예요. 실수한 거 가지고 사람을 죄를 준다고 하면 어떡합니까. 제가 TV에 나가서 (여기 '신의 한수'도 나오셨네) 거기 나가서 제가 이런 말을 했어요. 왜 박근혜 대통령만 세월호 7시간 동안 뭐했는지 진실고백을 해야 되느냐? 문재인을 포함한 당신들은 그 7시간 동안 뭐하고 있었느냐? 국회의원 300명들은 그 7시간 동안에 뭐 하고 있었습니까?

다른 사람에게 7시간에 대한 행적을 물어보고 (물어보는 이유야 죄를 주려고 그런 거 아닙니까?) 그러려면 먼저 자신은 뭐했는지 밝혀야죠? 국정에 대한 책임, 국민의 생명에 대한 책임이 대통령 혼자에게 있습니까? 국회의원들에게는 없다는 말입니까? 문재인에게는 책임이 없나요? 그러면 왜 자기네 책임에 대해서는 입을 다물고 한 사람에 대해서만 책임을 물어요? 제가 분노하는 것은 거짓이에요. 그 더러운 마음이에요. 그 더러운 마음. 자기와 이웃에 있는 자기 동족 자기의 이웃들에게 마치 자기는 아무 잘못이 없는 것처럼 탈을 쓰고 상대방에 대해서는 껍데기를 벗겨서, 속옷을 벗겨서 신체 부위를 하나하나 검사하자고 그러는 이 인간성 말살에 대해서 저는 분노했습니다.

인간성에 대한 도전뿐이 아닙니다. 아까도 말씀드렸지만 대한민국의 國是에 대한 도전이고, 인간성에 대한 도전이고 더 나아가서는 종교에 대한 도전이라고 생각합니다. 왜냐고요? 여러분 한번 생각해보세요. 이 탄핵소추장대로 하면 대한민국의 박근혜 대통령은 대통령이 아닐 뿐만 아니라, 여성이 아닐 뿐만 아니라 인간도 아니에요. 그렇잖아요. 무슨 그렇게 큰 죄가 있나요. 최순실, 그래 그 분은 나쁜 짓 많이 했다고 그러니까 저는 뭐 읽어보지 않는 사람이니까 상관은 없는데 최순실, 뭔가 부족한 일들이 많이 있었겠죠.

자리 욕심? 관심 없다!

그러나 인간에게는 누구나 다 허물이 있습니다. 그 사람에게는 또 좋은 면도 있습니다. 좋은 면이 하나도 없는 그런 사람은 아닐 겁니다. 그러면 평생의 친구에게 속아서… 뭐 알고야 그랬겠습니까? 속아서 친구 부탁 좀 들어준 것 아니겠습니까? 크게 보면 그 친구요 근래 나오는 거 보니까, 그분도 나이가 많이 드신 것 같은데, 이상한 젊은 남자와 유흥에 빠지신 것 같기도 하던데 무슨 잘못이 있는 것 같아요.

그러나 神이 인간을 만들 때 완벽한 인간을 만들었다고 생각하지 않습니다. 저도 정말 너무나 많은 허물이 있는 사람이에요. 그건 정말 저희 집사람에게 물어보시면 알아요. 저희 집사람은 정말 저를 한심한 사람으로 알고 있습니다. 전기 다마[電球]도 하나 바꿀 줄 모르고, 돈 계산도 할 줄 모르고, 밤낮으로 화만 내는 사람으로 그렇게 알고 있습니다. 그건 사실이에요. 저는 그런 많은 허물이 있습니다. 제가 변협회장을 끝마칠 무렵에 야당, 여당 양쪽에서 다 절 보고 "국회의원 공천 한 번 받아보시죠." 그러더라고요. 그래서 제가 이렇게 말씀드렸어요. "말씀은 감사한데, 알고보시면 저는 정말 허물이 많은 사람이에요. 제 진실이 드러나면 저는 정말 쪽 팔려서 얼굴도 못 들게 돼요. 청문회 같은 데 나가서 통과할 자신이 전혀 없습니다. 그리고 제가 선거에 나갔을 때 상대방들이 제 평생 족보를 다 뒤져 가지고 제 잘못한 것들만 쫙 써 냈을 때, 저는 그것을 감당할 자신이 없어요. 죄송하지만 저는 너무 죄가 많고, 또 그 죄 중에는 제가 불행히도 경기고등학교 나오고 서울 법대 나와 또 수석도 하고 또 미국 가서 하버드 유학도 해서 너무 많이 배운 죄도 있습니다. 제발 저를 좀 자유스럽게 내버려 주십시오."

이번에도 제가 와서 이런 말, 저런 말 하니까 상당히 많은 분들이 눈을 아래로 뜨시면서 "金 변호사님, 朴 대통령님하고 가까우신가봐" 하고 물어요. 저는 그 양반 만나본 적도 없어요. 제가 67년도에 서울 법대 수석 졸업했다고 해가지고 당시 朴 대통령 시절에 관행이 수석 졸업자를 청와대에 초청해서 식사하는 그런 프로그램이 있었어요. 그때 가서 식사를 대접받았는데 그때 육영수 여사께서 애들 나와 보라 하시더니 "여기 계신 분들은 말이야. 참 공부 잘하는 사람들이시거든. 오늘 공부 잘하는 법을 좀 물어서 배워봐." 그때 당시 朴 대통령님도 잠깐 나오셨는지 잘 기억이 없어요. 전혀 개인적 연분은 없습니다.

그런데 "오, 이거 해서 한 자리 해보시기로 했구만" 하고들 생각해요. 참 머리들 좋더라고요. 무리도 아니죠. 저는 오늘 아침에 알았습니다. 노무현 대통령 시절에 탄핵을 기각해야 된다는 쪽을 위해서 변호를 맡았던 수많은 民辯(민변) 소속 변호사들, 또 많은 변호사들이 그 뒤에 모두 대법원장부터 시작해서 대법관, 장관 거의 다 한 자리씩 얻었다는 걸 오늘 제가 어떤 분한테 듣고 처음 알았습니다. 아마 그것이 우리나라 사람들의 인식인가 봐요. 그래서 저를 보고 그러는 모양인데 아까도 말씀드렸지만 저는 너무너무 허물이 많은 사람이라 어떠한 청문회, 어떠한 선거전에도 나가서는 必敗(필패)하는 그런 사람입니다. 제발 저를 우사[망신]시키지 말아 주시길 부탁드립니다.

朴 대통령에게 한 야만적인 행동, 하늘이 용서치 않을 것

끝으로 朴 대통령께서 어떤 실수를 했든 하나님 앞에 가면 우리 모두가 다 죄인 아니겠습니까? 성경에 남을 재판하지 말라 그랬어요. 자기네들은 무슨 至高至純(지고지순)한 사람들인 것처럼 평생에 아무 잘못도 없는 것처럼. 결혼 생활 하다보면 죄 많이 지어요. 아무래도 결혼 생활 안한 사람이 죄를 덜 짓습니다. 그런 박근혜 대통령을 마치 대통령 자격은커녕 인간도 아니라고, 이렇게 욕을 해서 쫓아내 속옷까지 벗기려 하는 야만적인 행동에 하늘이 절대 용서하지 않을 거라고 봅니다.

우린 다 같이 죄인 아닙니까? 하나님 앞에 가면 다 우리 죄인입니다. 이렇게 다른 사람의 조그마한 허물을 평생에 사귄 친구를 위해서 조금

뭐 한 거를 가지고 자기네들은 맨날 하면서. 아니, 국회의원들은 뭐하는 사람들이에요? 선거구민들을 위해서 기업체에다가 일자리 얻어주고 계약 따주고 일거리 만들어서 덕 좀 보는 거, 표 좀 얻는 거 그 사람들 매일 매일 하는 거 일상적인 직업 활동 아닙니까?

세상 사람들이 다 알고 있는데 마치 자기들은 평생 그런 거 해본 적 없는 사람들인 것처럼 딱 시침 떼고 앉아서 朴 대통령 보고 최순실이 잘 먹고 잘 살게 해주려고 국정농단 하는 데 共犯(공범), 아니 主犯(주범) 노릇을 했구나. "인간, 대통령 자격 모두 없어!" 이러면서 쫓아내자는 거예요. 그러려거든 자기네들도 똑같이 친구들을 위해서, 친척들을 위해서 利權(이권) 청탁한 사실이 있는지 없는지 자술서를 다 써서 국민들 앞에 내야 합니다. 그것이 하나님이 원하시는 罪 많은 인간들이 취해야 될 자세라고 저는 믿습니다. 오늘날 이 탄핵은 대한민국 國是에 대한 도전이고, 法治에 대한 도전이고, 인간성에 대한 도전이고, 神에 대한 도전입니다. 저는 그렇기 때문에 어떤 누가 뭐라 그래도 투쟁하겠습니다. 도와주십시오.

2017. 2.13.
서울 프레스센터에서 열린 《탄핵을 탄핵한다》 출판기념 강연회
김평우

탄핵심판에 관한 법조인의 의견

憲裁 재판관 결원 상태에서 역사적, 국가적 재판을 하도록 방임하는 것은 심히 우려되는 일이다.

> 김평우 변호사가 원로들을 일일이 찾아가 설득해 낸 이 조선일보 광고는, 그때까지 '탄핵이 당연하다'는 여론만 보도하던 일간 신문에 (비록 광고형태이지만) '탄핵이 법적으로 부당하다'는 것을 밝힌 최초의 법률의견 표시이다. 한국 최고 수준의 원로 법조인들이 집단적으로 참여했다는 것도 의의가 있다. 이후 각계에서 탄핵 반대 여론이 공개적으로 표출, 여론의 흐름을 바꾼 분수령으로 높이 평가된다.

2016. 12.9. 대한민국 국회는 박근혜 대통령이 主權在民(주권재민)의 원칙위배를 비롯하여 생명권존중의 원칙위배 등 5개 헌법위반사항과 뇌물죄 등 8개 법률위반사항이 있어 대통령으로 계속 재직할 수 없으므로 대통령직에서 물러나게 하여야 한다는 취지의 탄핵소추 의결서를 헌법재판소에 제출하여 현재 헌법재판소에서 재판이 진행 중이다.

통상 법원에서 재판 중에 있는 사건에 대하여는 당사자 아닌 제3자가 의견을 발표하지 않는 것이 공정한 재판을 돕는 길이다. 그러나 이번 사건은 개인이 아닌 국회와 대통령이 사건 당사자이고, 재판의 결과가 국가의 명운을 좌우하는 역사적, 국민적 사안으로써 5000만 국민 모두가 지대한 관심을 가지고, 연일 찬성, 반대의 시위가 전국에서 일어나, 자칫하면 유혈 폭력상태로 발전할 우려가 있어 이런 국가적 위기를 해소시키는 데 도움이 되고자 우리 원로법조인들은 다음과 같은 의견을 공개 발표한다.

먼저 우리는 이 성명서가 박 대통령 개인을 옹호하거나 두둔하기 위한 것이 아니라 법률전문가로서 탄핵의 법률적 타당성에 대하여 소신을 밝혀 일반국민의 판단에 도움을 드리고자 하는 것임을 분명히 한다.

우리나라는 외국과 달리 탄핵소추만 있어도 자동으로 피탄핵자의 권한이 정지되어 탄핵소추 그 자체만으로 실질상 탄핵결정에 선행하여 탄핵의 효과가 발생하는 매우 특이한 제도를 갖고 있다. 따라서 이런 半(반)탄핵결정의 효력을 갖는 탄핵소추를 함에 있어서는 탄핵인용 결정에 준하는 정도의 확실한 증거와 선례 조사 및 법리해석의 절차가 반드시 선행되어야 한다. 그런데, 이번 12. 9. 탄핵소추에는, 탄핵사유에 대한 충분한 사전적 법률검토와 증거조사 및 여론 수렴절차를 하나도 거치지 아니하고 졸속으로 처리한 중대한 절차위반이 있음을 지적한다.

특히, 원래 탄핵은 사유 하나하나가 독립된 탄핵이유가 되는 것이지 여러 개 사유 전체가 모여서 탄핵사유가 되는 것이 아니므로 이번처럼 13개 탄핵사유를 개별로 투표하지 않고 일괄하여 표결하면 투표자가 구체적으로 어느 사유를 가지고 탄핵하는 의사인지 알 수가 없게 되는 중대한 법률모순이 생긴다. 그렇기 때문에 선진 외국(미국)에서도 탄핵은 각 사유별로 토론과 투표를 거치는 것이 확립된 관례이다. 결국, 이번 탄핵은 표결절차에 중대한 헌법위반의 하자가 있다고 아니 할 수 없다.

또한, 당시 국회는 이번 박근혜 대통령 탄핵사건의 실질적 탄핵근거인 최순실의 소위 '국정농단' 사건을 조사하기 위해 박영수 특검을 설치하여 조사를 시킬 예정이었으므로, 그 조사결과를 가지고 탄핵사유를 심의, 토의, 표결 하였어야 할 것인데, 미처 특검이 조사에 착수하기도 전에, 또 국회청문회도 종결되기 전에, 순전히 언론보도와 개인적 심증만 가지고 대통령을 탄핵소추한 것은 법적으로 증거 없는 기소에 해당하여 증거재판을 요구하는 우리 헌법의 기본적인 법치주의, 적법절차의 원리에 반하는 중대한 위헌이라고 아니할 수 없다.

그 결과 형사재판, 특검수사, 국회청문회, 헌법재판이 동시적으로 진행되어 관련자들과 변호인들로서는 소송수행을 하기가 어렵고 국민들도 이들 절차를 이해하기가 매우 혼란스럽다. 따라서 헌재는 탄핵사유에 대한 실체심리에 앞서서 탄핵소추의 적법절차 여부부터 심리하여 졸속한 국회 탄핵소추 결의에 대한 절차적 합헌성 여부를 우선적으로 심리, 재판하기 바란다.

탄핵사유의 내용에 들어가 보더라도, 5개 헌법위반 사항은 대부분 같은 탄핵소추장의 법률위반사유와 중첩되고 있다. 뿐만 아니라 박 대통령이 헌법원칙이나 원리 그 자체를 부정하거나 반대한 것이 아닌데, 단지 몇 개의 구체적 사건을 가지고 헌법위반의 탄핵사유가 있다고 소추하는 것은 엄청난 논리의 비약이라 동의할 수 없다.

법률위반사항에 있어서도 박 대통령이 미르재단, 케이스포츠재단을 만들어 대기업들로부터 재단의 기본재산을 출연받은 것은 소위 準조세적 행위로써 역대 대통령들도 다 해온 통치행위인데 이를 뇌물이다, 강요다, 직권남용이라고 형사범죄로 의율하는 것은 국정운영의 관행에 반하고 일찍이 선례가 없는 법해석이라 법적타당성이 없다. 또한, 미르재단, 케이스포츠재단은 공익법인으로서 기본재산의 사용목적과 사용절차가 엄격하게 법적으로 제한되어 있는데도 이를 박 대통령이 개인적으로 이득하기 위해 기업들에게 출연시켰다고 주장하는 것은 공익법인의 법리에 맞지 않는 억지이다. 이런 억지 탄핵은 법률적으로 심각한 문제를 안고 있다.

더 나아가 헌법재판소는 원칙적으로 헌법상의 정원인 9명의 재판관 전원이 심리에 참여하여야 하고 결원이 생기면 즉시 그 결원을 충원하여 재판하는 것이 원칙이다. 그런데 이번 헌법재판소의 경우, 박한철 소장이 2017. 1.31.자로 임기가 만료되고, 이어서 이정미 재판관이 2017. 3.13.자로 역시 임기가 만료되어 각 퇴임하는 것이 법률상 예정되어 있었음에도 불구하고, 공석인 후임자를 선출하여야 할 구체적 작위의무를 부담한다고 보아야 할(헌재 2014. 4. 24.자 2012헌바2) 해당 기관인 헌법재판소는 물론이고 대통령 권한대행, 대법원장, 국회 등이 결원을 충원하기 위한 조치를 취하지 아니한 채 결원상태에서 이번 사건과 같이 중차대한 역사적, 국가적 사건을 재판하도록 방임하는 것은 심히 우려되는 일이다. 이런 중대한 법적하자를 방치한 채 심판이 내려지면 피죠간에 국민들의 일치된 승복을 받을 수 없어, 헌법재판소는 물론이고 국가 전체가 국민으로부터 불신을 당하는 국가적 불행사태가 생기지 않을까 심히 우려된다. 관련된 모든 국가기관은 정치적 이해관계를 떠나서 신속하게 이미 2017. 1.31.자로 퇴임하여 공석으로 있는 헌재소장 자리와 2017. 3.13.자로 퇴임이 예정되어 있는 이정미 재판관의 후임을 미리 지명하여 공석에 대비하여 충원하고 그 때까지는 헌재 심판을 일시 중단하기 바란다.

동참인-無順

변호사 정기승(前 대법관, 헌법을생각하는변호사모임 초대 회장), 변호사 박만호(前 대법관), 변호사 이시윤(前 헌재 재판관), 변호사 김문희(前 헌재 재판관), 변호사 김두현(前 대한변협 회장), 변호사 이세중(前 대한변호사협회장), 변호사 함정호(前 대한변호사협회장), 변호사 김종표(원로 변호사), 변호사 이종순(前 헌법을생각하는변호사모임 회장), 변호사 김평우(前 대한변호사협회장)

2017. 2.9.

법치와 애국모임

(조선일보 2월9일字에 게재된 광고)

탄핵심판에 관한
법조인의 추가 의견

'헌법재판소에서 재판 중에 있는 박근혜 대통령 탄핵심판사건에 관하여, 박 대통령 개인에 대한 好不好나 贊反을 떠나 법률전문가로서 다음과 같은 법률의견을 밝힙니다.'

  1. 이번 탄핵에서 국회는 아무런 증거조사 절차나 선례 수집과정 없이 신문기사와 심증만으로 탄핵을 의결, 박 대통령의 권한을 정지하였다. 이는 증거재판을 요구하는 우리 헌법의 법치주의, 적법절차의 원리에 반하는 중대한 위헌이다. 특히, 특검의 조사가 본격적으로 시작되기도 전에 탄핵소추를 의결, 처리한 것은 이번 탄핵이 비정상적으로 졸속 처리되었음을 단적으로 드러낸다.

  2. 법적 성격이 전혀 상이한 13개 탄핵사유에 대하여 개별적으로 심의, 표결하지 않고, 일괄하여 표결한 것 역시 중대한 적법절차 위반이다. 특히, 이번 탄핵의 논의 과정에서 세월호 부분에 대하여 상당수 의원이 반대의사를 표시하였음에도 불구하고 일괄 표결한 것은 표결의 적법성

에 중대한 하자가 있다고 본다.

3. 박 대통령은 대한민국 헌법의 원리나 원칙을 부정하거나 반대한 사실이 없다. 몇 개의 단편적인 법률위반이나 부적절한 업무집행 의혹을 근거로 하여 헌법 위반이라고 주장하는 것은 논리의 비약이다.

4. 대통령의 공익법인 설립 및 그 기본재산의 출연을 기업들로부터 기부 받는 행위는 선례도 많고, 목적이 공공의 이익을 위한 것이므로 이를 범죄행위로 단죄하는 것은 선례에도 맞지 않고 공익재단법인의 법리에도 맞지 않다.

5. 헌재는 9명 재판관 전원의 심리 참여가 헌법상의 원칙이므로, 헌재의 재판소장 및 재판관의 임명절차에 관여하는 기관들은 이미 퇴임한 박한철 재판소장과 퇴임이 예정된 이정미 재판관의 후임을 조속히 임명하여 9명 재판관 전원 참여의 헌법정신을 준수하여야 한다. 헌재는 그때까지는 일시 재판을 중지하였다가, 전원 재판부를 구성한 연후에 재판을 재개하여 심리를 진행하는 것이 국민의 신뢰를 받는 공정한 재판진행 절차라고 본다.

6. 이번 박근혜 대통령 탄핵심판의 직접적 단서 내지 전제가 되는 최순실 등의 비리 부정혐의에 대하여 형사지방법원에서는 형사재판절차가, 국회에서는 청문회 절차가, 특검에서는 특검수사절차가 동시 다발적으로 진행되고 있어 관련 증인들에게 심각한 고통과 불편을 주고 국민들에게도 커다란 혼란을 주고 있다. 국회와 특검은 현재 진행 중인 형사법원의 재판에 직접적 영향을 주는 사후적, 추가적, 중복적 수사를 중

단하여야 한다.

7. 끝으로, 그간 두 달간의 헌법재판소 심판과정을 지켜볼 때 헌재는 금번 국회의 탄핵소추에 대하여 그 절차적 위헌성, 위법성을 외면한 채 오로지 사실인정과 증거조사에만 치중하여 마치 형사사건을 재판하는 것이 아닌가 하는 오해를 일으키고 있다. 헌법재판소는 형사법원이 아니라 헌법재판소로서 탄핵소추의 절차적 위헌성 문제를 최우선으로 심리하여 만일 소추의 동기와 절차에 위헌, 위법이 있으면 소추내용의 심판에 들어가기에 앞서 절차적 위헌성 여부를 심리하여야 한다고 본다.

동참 법조인(변호사)-無順

박만호(前 대법관), 황계룡(前 서울지방변호사회 회장), 장원찬(고시10회), 김공식(고시12회), 김길준(고시13회), 김헌무(前 청주지방법원장), 이창구(前 서울형사지법 부장판사), 김평우(前 대한변호사협회 회장), 이인수(군법1회), 황진호(사시9회), 송영식(사시10회), 유현(前 서울고법 부장판사), 라정욱(사시12회), 강창웅(前 수원지방변호사회 회장), 장재(前 서울고검 검사), 구상진(사시14회), 신복현(前 군법무감), 이재형(사시16회), 장창호(前 서울고검 검사), 안영문(前 부산지법 부장판사), 이택수(前 강원지방변호사회 회장), 이인철(사시27회), 전영빈(사시27회), 정주교(사시27회), 차기환(사시27회), 이경성(사시28회), 박병규(사시31회), 조원룡(사시48회), 최명섭(변호사시험 3회)

2017. 2. 21.

법치와 애국모임

(조선일보 2월21일字에 게재된 광고)

준비서면

사　　건　2016헌나1 대통령(박근혜)탄핵
청　구　인　국회 소추위원 법제사법위원회 위원장
피청구인　대통령

위 사건에 대하여 피청구인(박근혜 대통령)의 대리인은 다음과 같이 변론을 준비합니다.

- 다 음 -

1. 대통령 탄핵심판 사건의 특수성과 우리나라의 특이성

오늘 우리들이 참여하고 있는 이 사건은 대통령 탄핵심판이라는 매우 특이한 헌법소송 사건입니다. 이 세계 대부분의 나라에서는 한 번도 듣지도 보지도 못한 사건입니다. 세계에서 몇 안 되는 나라에서 백년에 한 번 있을까 말까 한 진귀한 사건입니다. 그런데 불행히도 우리나라에서는 2004년에 노무현 대통령이 국회로부터 탄핵소추 의결을 당하여 바로 이 법정에서 심판을 받고 대통령 직위를 회복하신 지 불과 12년도 채 안되어 또다시 박근혜 대통령님이 국회로부터 탄핵소추 의결을 당하여 같은 법정에 피소추자로 서서 심판을 받는 세계탄핵사, 헌정사에 유례가 없는 부끄럽고 불행한 정치, 사법의 비극이 또다시 생겼습니다.

만일 이 추세가 계속된다면, 우리나라는 앞으로 83년이 남은 21세기 끝이 될 동안에 열 명의 단임제 대통령이 이 자리에 다시 서서 헌법재판관님들로부터 재판을 받는 비극이 계속되어 필시 나라가 망하고 더 나아가 탄핵심판 제도 때문에 헌정체제가 무너진 이상한 나라로 세계인의 웃음거리가 될 것입니다.

그러면 왜 이와 같은 망국적인 대통령 탄핵사건이 유독 대한민국이라는 나라에서 빈번하게 생기는 것일까요?

국민들이 대통령 선거에서 대통령을 잘못 뽑아서일까요? 아닙니다. 대통령 선거 탓이 아닙니다. 민주주의 탓이 아닙니다. 이 나라의 단원제 국회가 적법절차를 무시하고 졸속으로 대통령을 탄핵하는 나쁜 버릇 때문입니다.

더 나아가 탄핵심판 사건의 전속적 관할권을 가진 헌법재판소가 국회의 위헌, 위법한 졸속탄핵 소추의결을 소위 국회의 자율권이라는 이름 아래 위헌심사할 것을 거부하고 국회에 대하여 면죄부를 주는 위헌적인 불법재판을 거침없이 하고 있기 때문입니다.

2. 이 사건 탄핵소추의 적법절차 위반

가. 서언

우리나라는 외국과 달리 탄핵소추 의결만 있어도 자동으로 피탄핵자의 권한이 정지되어 탄핵소추 의결 그 자체만으로 실질상 탄핵인용 결정에 선행하여 탄핵의 효과가 발생하는 매우 특이한 제도를 갖고 있습니다. 즉 한국 국회의 탄핵소추 의결은 단순한 소추(고발)가 아니라 대통령의 직무상실이라는 탄핵심판 효과의 단행가처분을 겸한 권리침해, 권리박탈의 효과가 발생합니다. 헌법이 직접, 보통, 비밀, 평등선거에 의하여 적법하게 선출된 민선 대통령 박근혜에게 보장한 박근혜 대통령 개인의 5년간 대통령 직무수행, 공무담임권이라는 헌법적 기본권리를 탄핵심판 절차가 계속되는 동안 법관의 유죄판결 없이 침해, 박탈하는 비정상적인 권리침해입니다(탄핵심판시까지 피탄핵소추인의 직무를 정지시키는 헌법 제65조 자체가 "판결시까지 무죄를 추정한다"는 세계 각국의 보편적인 인권보장 원리에 반하는 잘못된 헌법규정입니다).

뿐만 아니라 2012년 대선에서 박근혜 대통령을 선출한 국민들의 공무참여권을 법원의 판결없이 탄핵심판시까지 수개월간 박탈하는 심각한 권리침해입니다.

따라서 국회가 이런 半(반)탄핵결정의 효력을 갖는 탄핵소추 의결을 함에 있어서는 탄핵인용 결정에 준하는 정도의 확실한 증거와 선례조사 및 법리해석의 절차가 반드시 선행되어야 할 것입니다. 그런데 이번 12. 9. 탄핵소추에는 탄핵사유에 대한 충분한 사전적 법률검토와 증거조사 및 여론수렴 절차를 하나도 거치지 아니하고 졸속으로 처리한 결과, 박근혜 대통령과 국민의 중대한 헌법적 권리를 적법한 절차 없이 침해하여 중대한 적법절차 위반, 즉 헌법위반이 있음을 지적합니다. 아래에서 구체적으로 보겠습니다.

나. 일괄투표의 위헌성

원래 탄핵은 사유 하나하나가 독립된 탄핵사유가 되는 것이지 여러 개 사유 전체가 모여서 탄핵사유가 되는 것이 아니므로 이번처럼 서로 내용과 적용법률이 다른 13개 사유를 가지고 탄핵소추를 할 때는 13개 탄핵사유 하나하나에 대하여 투표하여 국회정원 3분의 2의 찬성을 얻은 사유만 골라 그 사유만을 탄핵소추장에 기재하여 헌법재판소에 당부의 심판을 구하여야 하는 것입니다.

대통령 탄핵제도를 만든 미국의 경우를 보더라도 17대 앤드루 존슨 대통령, 42대 클린턴 대통령의 탄핵소추 의결시 미국 의회(하원)는 개별 사항별로 투표하여 과반수(미국은 하원에서 탄핵소추를 하는데 과반수의 찬성이 있으면 탄핵안이 성립됩니다) 찬성을 받은 사항만 소추하였고, 더 나아가 탄핵소추안을 심판하는 상원(우리나라와 달리 헌법재판소 대신에 상원이 탄핵심판을 내립니다) 역시 며칠 간격으로 탄핵소추안을 개별 사안별로 투표하여 탄핵 여부를 판정하였습니다(다만 미국 270년의 헌정사에서 하원의 대통령 탄핵소추 결의가 상원의 3분의 2 찬성을 얻어 대통령이 직위를 상실한 예는 한 번도 없습니다).

만일 이와 같이 사유별로 투표하지 않고 일괄하여 표결하면 투표자가 구체적으로 어느 사유를 가지고 탄핵하는 의사인지 알 수가 없습니다. 이렇게 일괄투표하면 이는 탄핵사유에 대한 투표가 아니라 탄핵에 대한 찬반 투표가 되는 것입니다.

그렇다면 이는 탄핵을 함에 있어서 헌법위반, 법률위반이라는 구체적 사유의 적시를 요구하는 우리나라 헌법 제65조의 헌법규정과 맞지 않습니다. 즉 헌법 제65조에 위반되는 투표방법입니다.

예컨대, 이번 탄핵소추처럼 탄핵사유가 열세 가지나 되는 경우 50명의 의원은 사유 1에, 다른 50명의 의원은 사유 2에⋯이런 식으로 각기 다른 사유로 탄핵을 찬성하였다고 가정하면, 만일 개별 사유별로 투표하면 13개 사유가 모두 3분의 2의 정족수에 미달하여 탄핵안이 하나도 성립되지 않을 터인데 일괄 투표하면 각자 탄핵을 찬성하는 이유는 달라도 결론 즉 탄핵이란 주문에는 모두 찬성이기 때문에 마치 13개 탄핵사유 전부가 3분의 2의 찬성을 얻은 것으로 잘못 외관이 표시되어 의사와 표시간에 불일치, 즉 착오가 생기는 것입니다.

구체적으로 이번 탄핵에서도 사유를 하나하나 뜯어보면 과연 3분의 2의 의원이 13개 사항 모두를 찬성하였다고 보기가 심히 의문스럽습니다. 단적인 예가 세월호 사건입니다. 많은 의원이 세월호 사건을 탄핵사유로 하는 데에 대하여 공개적으로 반대하였습니다. 만일 개별사유별로 투표하였으면 적어도 세월호 사건은 탄핵사유에 포함되지 않았을 것이 분명합니다.

다. 섞어찌개 탄핵사유의 위헌성

이 사건 탄핵소추장을 보면 탄핵사유의 내용과 그에 적용된 헌법위반, 법률위반의 조항이 모두 복합적입니다. 우선 미르재단, 케이스포츠재단 사건을 보면 죄명이 뇌물죄면 뇌물죄, 직권남용죄면 직권남용죄, 강요죄이면 강요죄 이렇게 개별화되어 있지 않습니다. 뇌물죄, 직권남용죄, 강요죄라고 세 개의 죄명이 섞여서 하나의 탄핵사유로 구성되어 있습니다. 얼핏 보면 한 개의 범죄사실에 세 개의 범죄가 경합(상상적 경합)된 것으로 보입니다. 그러나 이 세 개의 범죄가 섞여서 하나의 탄핵사유가 된다는 것은 법리에 맞지 않습니다. 우리나라 헌법 제65조는 탄핵사유를 직무집행에 있어서의 '헌법위배' 또는 '법률위배'로 명시하고 있습니다. 이것은 '헌법위반'이란 탄핵사유 1개와 '법률위반'이란 탄핵사유 1개 이렇게 2개의 탄핵사유를 말하는 것이 아닙니다. 탄핵의 대상이 되는 구체적인 직무집행이 있고, 그 구체적인 직무집행이 헌법이나 법률에 위반되는 것을 탄핵의 요건으로 합니다.

8개 법률위반 사유의 핵심은 미르재단, 케이스포츠재단의 기업출연금 770억 원을 뇌물죄로 소추한 것입니다. 만일, 국회가 이를 뇌물죄 하나로 독립한 탄핵사유로 구성하여 표결하였다면 과연 3분의 2의 의원이 뇌물죄 적용에 찬성, 동의하였을까요? 아니라고 확신합니다. 왜냐하면 기업출연금 770억 원을 박근혜 대통령이나 최순실이 한 번도 만져본 적 없이 처음부터 끝까지 재단이 가지고 있었고, 지금도 가지고 있기 때문에 삼척동자도 이것을 대통령이 이득하였다고 볼 수 없기 때문입니다. 그래서 이영렬 서울지검장도 최순실에 대한 기소장에서 이 770억 출연금을 뇌물죄로 기소하지 않은 것입니다.

그런데 국회는 이를 뇌물죄 하나로 구성하지 않고 직권남용죄, 강요죄와 섞어서 하나의 탄핵사유로 탄핵소추안을 만들었습니다. 그렇기 때문에 미르재단, 케이스포츠재단의 설립, 모금을 탄핵사유로 삼는 데 동의한 의원의 대부분은 뇌물죄가 아니라 모금 과정의 위법성이나 모금 목적의 위법성을 강요죄나 직권남용이라고 보고 이 사유에 찬성하였다고 보이는 것입니다. 그렇다면 찬성한 의원들의 실제 의사는 박근혜 대통령이 강요죄 또는 직권남용죄의 위법이 있다고 보아 탄핵에 찬성한 것인데 결과는 770억 뇌물범이라는 천하의 파렴치범이 되어 탄핵이 되고, 더 나아가 770억의 뇌물범으로 종신징역의 형을 받아 교도소에서 평생을 마치게 되는 기막힌 운명이 되는 것입니다. 이것이 어떻게 헌법과 정의, 공평에 맞는 탄핵소추란 말입니까?

우리나라 법전 어디에도 뇌물죄, 직권남용죄, 강요죄를 다 합친 그런 복합범죄는 존재하지 않습니다. 아니 세계 어느 나라에도 이렇게 전혀 구성요건이 다른 세 가지 범죄가 혼합된 복합범죄는 존재하지 않습니다. 이는 마치 '사기죄, 공갈죄, 강도죄' 세 가지를 한 개의 탄핵사유로 묶은 것과 같습니다. 세 개의 범죄가 상상적 경합관계가 아닙니다. 엄연히 내용과 처벌이 다른 독립적 범죄입니다. 그럼에도 불구하고 국회는 뇌물죄, 직권남용죄, 강요죄 이 세 개의 법률위반으로 나누어 탄핵소추 의결을 하지 않고 무슨 영문인지 모르겠지만 세계의 어느 나라에서도 아니 심지어 우리나라의 무소불위 검사님들도 하지 않는 '뇌물죄+직권남용죄+강요죄'라는 하나의 복합범죄, 쉽게 말해 '섞어찌개' 범죄를 만들어 박근혜 대통령을 탄핵소추, 즉 기소한 것입니다. 위키피디아에 들어가 미국의 탄핵소추를 살펴봅시다. 미국의 어느 탄핵소추장에도 두 가지, 세 가지 범죄를 섞어서 소추한 예는 없습니다. 물론 당연히 두 가지, 세 가지 범죄를 섞어서 탄핵심판한 사례도 없습니다(소추안이 섞어찌개가 아니니까 심판은 원천적으로 섞어찌개가 될 수 없습니다).

그런데 한국의 국회는 안하무인입니다. 한국의 국회는 이렇게 동서고금, 세계 역사에 없는 섞어찌개 탄핵사유를 열세 가지나 만들고, 다시 그 열세 가지 탄핵사유를 또 하나의 큰 섞어찌개 메뉴, 즉 탄핵의 찬반투표안으로 만들어 일괄투표한 것입니다.

라. 고의적인 일괄투표 및 섞어찌개 탄핵 사유

누구나 위키피디아에 들어가 'presidential impeachment'라고 치면 금방 미국의회가 존슨 대통령, 닉슨 대통령, 클린턴 대통령의 탄핵소추안을 어떻게 표결하였는지 알 수 있습니다.

어떻게 우리나라 국회는 이런 선례를 무시하고 동서고금에 유례가 없는 섞어찌개 탄핵사유를 만들고 더 나아가 그 열세 개 섞어찌개 탄핵사유를 다시 섞어서 탄핵사유 투표가 아니라 탄핵 찬반 투표라는 전혀 그 성질과 내용이 다른 섞어찌개의 안으로 바꾸어서 일괄투표를 한단 말입니까? 이것이 단순히 실수일까요? 국회의원님들 300명이 모두 바보인가요? 누구나 쉽게 하는 위키피디아 검색을 국회의 입법전문위원, 권성동 같은 법조 출신의 법사위원장님이 하지 않았을까요? 법률 전문가의 자문도 받지 않고 그런 섞어찌개 탄핵사유와 섞어찌개 표결안을 만들었을까요?

만일에 권성동 법사위원장, 국회의장단, 각당 대표, 간사들이 고의적으로 이런 섞어찌개 탄핵사유와 섞어찌개 표결안을 만들어 무고한 박근혜 대통령을 탄핵하여 쫓아내려고 2016. 12.9. 국회 탄핵소추안을 의결한 것이라면 이들은 동료 의원들을 속이고, 헌법재판소를 속이고, 국민을 속인 것입니다. 만일 저들이 무고한 박근혜 대통령을 쫓아내고 조기선거로 정권을 잡기 위해 이런 사기극을 벌였다면 이는 단순한 사기죄가 아니라 주권자인 국민을 속이고 권력을 독점하려는 그야말로 국정농단의 대역죄인들이 아닐까요?

결국, 국회의 일괄투표는 중대한 헌법위반의 하자가 있다고 아니할 수 없습니다. 위의 주장을 입증하기 위해 외국 탄핵제도 전문가를 증인으로 신청하고자 하오니 기회를 주시기 바랍니다.

마. 증거조사 없는 탄핵소추의 위헌, 위법성

앞에서 살펴보았듯이 우리나라는 외국과 달리 탄핵소추 의결만 있어도 자동으로 피탄핵자의 권한이 정지되어 탄핵소추 의결 그 자체만으로 실질상 탄핵인용 결정에 선행하여 탄핵의 효과가 발생하는 매우 특이한 제도를 갖고 있습니다. 즉 한국 국회의 탄핵소추 의결은 단순한 소추(고발)가 아니라 대통령의 직무상실이라는 탄핵심판 효과의 단행 가처분을 겸하여 소추의결 자체가 권리침해, 권리박탈의 효과가 발생하는 헌법처분 즉 헌법행위입니다. 직접, 보통, 비밀, 평등선거에 의하여 적법하게 선출된 민선 대통령 박근혜에게 헌법이 명문으로 보장한 박근혜 대통령 개인의 5년간 대통령 직무수행, 공무담임권이라는 헌법적 기본권리를 탄핵심판 절차가 계속되는 동안 법관의 유죄판결 없이 침해, 박탈하는 비정상적인 권리침해가 발생합니다(탄핵심판시까지 피탄핵 소추인의 직무를 정지시키는 헌법 제65조 그 자체가 "판결시까지 무죄를 추정한다"는 세계 각국의 보편적인 인권보장 원리에 반하는 잘못된 헌법 규정입니다).

그렇기 때문에 국회가 탄핵소추안, 특히 나라의 원수인 대통령을 탄핵하는 탄핵소추안을 의결함에 있어서는 조금이라도 실수가 없도록 유죄를 입증할 수 있는 충분하고 신중한 증거조사 절차와 법리 검토가 선행되어야 하는 것입니다(물론 노무현 대통령 탄핵사건처럼 탄핵사유가 노무현 대통령의 공개, 공식발언이고, 노 대통령 자신이 발언 자체는 다투지 않고 순전히 위법성만 다투는 경우엔 사실관계의 증거조사는 크게 필요없고, 주로 법리검토와 법리조사만 있으면 될 것입니다).

그런데 이 사건 박근혜 대통령 탄핵심판에 있어서는 우선 탄핵 근거가 박근혜 대통령의 지시와 그와 관련한 최순실이나 비서관들의 언행입니다. 지시는 박 대통령의 행위로서 대부분 다툼이 없습니다. 쟁점이 되는 것은 비서나 최순실의 발언, 행위가 범죄가 되는지 여부입니다. 즉, 최순실이나 비서관들의 범죄 행위가 성립되고, 나아가 그 범죄 행위에 대하여 대통령의 지시가 공범요건, 즉 교사나 방조의 요건을 갖추었느냐하는 문제입니다. 요컨대 최순실이나 비서관의 범죄 성립이 박근혜 대통령에 대한 탄핵의 선결 요건입니다. 국회도 이를 알고 최순실 등의 소위 '국정농단' 사건을 조사하기 위해 박영수 특검을 설치하여 조사를 시킬 예정이었습니다. 그렇다면 누가 보더라도 특검의 조사 결과를 기다려 그 조사결과 위에서 제2의 요건인 공범자의 교사, 방조사실 및 공범자로서의 故意(고의)를 조사 확인하여 그 두 가지 요건이 모두 성립된다고 확신할 수 있는 충분한 증거가 모였을 때 비로소 탄핵소추 사유를 확정할 수 있는 것입니다.

즉 이러한 사전증거 조사, 법리조사 없이 국가권력기관이 고의로 대통령의 권리를 침해하는 것은 마치 검사나 경찰이 아무런 증거조사나 법리검토 없이 고의로 타인을 수사, 기소하여 피의자를 구속, 처벌하는 것과 같습니다. 이 경우 피의자는 그 검사를 상대로 기소내용에 대해 무죄의 항변뿐만 아니라 적법절차에 위반된 기소나 수사의 취소, 중지, 처벌을 요구할 헌법적 권리의 항변을 할 수 있습니다.

이와 마찬가지로 국회가 대통령이 무죄인 줄 알면서(유죄의 증거가 없으면 무죄의 추정을 받아야 합니다) 대통령을 졸속으로 탄핵소추 의결하여 대통령의 헌법상 권리인 5년간의 직무집행권을 박탈, 침해하는 것은 탄핵소추권의 남용이므로 마땅히 대통령은 탄핵소추권을 고의로 남용한 국회의원들을 고소, 처벌할 권리가 있고, 바로 이 사건 탄핵심판절차에서 소추내용이 진실이 아니라는 실체적 항변과 아울러 소추의결의 위헌, 위법한 동기와 목적 및 과정의 위헌, 위법을 다투어 자신의 무고(innocence)를 주장하고 그 주장에 부합하는 증거를 제출할 헌법상, 법률상의 권리(절차적 인권)가 있습니다. 요컨대 국회가 증거도 없이 고의로 탄핵소추권을 남용하는 것은 헌법 제12조(미국 수정헌법 제5조, 제14조의 적법절차에 해당합니다) 위반이라 아니할 수 없습니다.

이렇게 볼 때 국회가 증거수집을 위하여 특검을 설치하고도 그 조사의 착수 이전에 대통령을 순전히 신문기사와 심증만으로 탄핵소추 의결한 것은 적법절차에 위반된 탄핵소추권 남용의 고의가 충분히 입증된다고 할 것입니다. 이는 우리 헌법의 기본적인 법치주의, 적법절차의 원리에 반하는 중대한 위헌이라고 아니할 수 없습니다. 그런데도, 이 사건, 헌법재판소는 피소추인 즉 박근혜 대통령은 탄핵소추 사유에 대해 그 진위만 다투어야지 국회 탄핵소추 의결의 목적이나 동기, 그 절차의 위법, 위헌 여부는 다툴 수 없다며 원천적으로 주장, 입증의 기회를 봉쇄하고 있는 것입니다. 이는 헌법이 보장한 국민의 변론권, 반론권을 이 사건 탄핵심판 사건에서 유독 피청구인이 대통령이고, 청구인이 국회라는 피상적인 이유 하나 가지고 부정하는 어이없는 폭거입니다.

바. 증거 없는 졸속 탄핵소추의 부작용(피해)

〈선 증거 수집–후 소추〉가 아니라〈선 소추–후 증거 수집〉이라는 불법한 탄핵소추 의결 때문에 지금 우리나라는 최순실, 안종범 등이 형사재판을 받는 와중에서 특검이 보강수사를 위해 구속의 필요성(증거인멸 및 도주의 우려)이 전혀 없는 이재용 삼성 총수를 구속 수사하고, 더 나아가 국회가 증거 보강을 위한 청문회를 계속 열어 수많은 기업총수들이 해외출장을 못하게 막아 나라의 경제와 치안이 크게 위협받고 있습니다.

이 점에 대하여는 전문가 증인을 신청하고자 합니다.

특히 문제는 탄핵소추 의결 당시의 증거만 가지고 탄핵소추의 당부를 가려야 할 헌법재판소가 두 달여 간 최순실의 형사범죄 증거 모두를 헌법재판소가 중복으로 재조사하여 막대한 시간낭비를 초래한 것입니다. 마침내 피청구인들이 헌법문제에 대한 심리, 조사를 요구하자, 시간이 없다며 변론권을 제한하고 최종변론을 사실상 하루 만에 마치라는 세계 역사에 그 유례를 찾기 힘든 졸속재판을 하고 있는 것입니다. 심지어는 본 변호사가 2017. 2.20. 변론기일에서 변론을 하겠다고 하자 변론내용이 무엇이냐고 물어 변론의 내용을 미리 말하지 않는다는 이유로 변론을 제한하고 퇴정하였습니다. 이는 변론의 형식, 시간, 방법에 대한 제한이 아니라 변론의 내용에 따른 제한이므로 언론의 자유에 대한 본질적 침해, 즉 인권탄압입니다. 한마디로 말해 언론의 사전검열 금지를 위반하는 헌법, 아니 유엔 인권규정에 위반되는 중대한 인권침해이자 변론권 제한입니다.

사. 기타

그밖에도 2016. 12.9. 이 사건 탄핵소추 의결은 안건별 토의도 없었고, 탄핵소추안이 국민에게 사전 공개되지 않았고, 심지어는 의원들에게 조차 제대로 설명, 낭독, 토의되지 않았다고 보입니다. 물론 피청구인 본인에게도 사전에 탄핵소추장이 전달되지 않아 피청구인 대통령은 반론할 기회조차 주어지지 않았습니다. 일반 국민에게도 보장되는 기소 전 반론, 즉 변소의 기회가 이 나라 대통령에게조차 주어지지 않으니 어떻게 이런 탄핵소추 의결이 헌법에 맞는 국회 소추라고 하겠습니까? 북한에서나 있을 법한 정치탄압이 아니고 무엇입니까?

이밖에도 여러 가지 적법절차 위반이 있으나 상세한 내용은 증거조사를 하여야 알 수 있는 사항이라 증거조사의 기회를 받아 추후 정리하여 제출하고자 합니다. 우선 당사자에게 진부 확인을 신청합니다.

3. 헌법재판소 구성의 위헌성

헌법재판소는 헌법상의 정원이 재판관 9명이며, 그 9명은 대통령 지명 3인, 국회 지명 3인, 대법원장 지명 3인으로 구성됩니다. 이는 헌법재판소를 행정, 입법, 사법의 삼권간의 대등한 대표를 통한 견제와 균형을 위한 것입니다. 따라서 헌법재판소의 주요한 사건은 반드시 재판관 9인 전원이 평결에 참여하여야 하고, 만일 1명이 궐위하여 8인이 된 상태에서는 주요한 사건을 결정할 수 없어 공정한 재판을 받을 권리를 침해한다는 것이 바로 지금 이 헌법재판소의 전 소장 박한철 재판관 및 현재 권한대행인 이정미 재판관, 이진성 재판관, 김이수 재판관의 견해입니다(2012 헌마2).

따라서, 헌법재판소법 제23조의 "7인 이상의 출석으로 심리한다"는 규정은 심리에만 적용되고, 평결에는 9명 전원이 참여하여야 한다는 뜻으로 해석되는 것입니다(이상은 2016. 2.13.자 법률신문에 게재된 강해룡 변호사의 논설이 상세히 논증하고 있습니다). 만일 결원이 생기면 즉시 임명권자에게 후임자의 충원을 요청하여 충원을 기다려 평결을 하여야 합니다(이상은 2017. 2.9.자 참고자료 2. 법조의견서 참조).

심리는 8명 또는 7명 이상이면 할 수 있지만 평결, 즉 심판 그 자체는 9명이 충원될 때까지 기다려 하여야 합니다. 쉽게 말해 이 사건 대통령 탄핵심판은 9명 헌법재판관 이름으로 선고되어야 하고, 만일 8명 또는 7명 이름으로 선고되면 이는 헌법상 하자 있는 결정이 됩니다. 이는 헌법재판소가 스스로 선언한 헌법재판소 구성의 원칙입니다. 요컨대 헌법재판소 재판관은 삼권분립적으로 구성되어 있어서 그 일부의 이탈은 심판결과에 중대한 영향을 미치는 것입니다. 따라서 만약 9명의 재판관을 충원하지 않고 이 사건 탄핵심판의 결정을 내린다면 이는 헌법 제27조의 헌법과 법률에 의한 공정한 재판을 받을 권리를 침해하는 것입니다.

그런데 이번 헌법재판소의 경우 박한철 소장이 2017. 1.31.자로 임기가 만료되었고, 이어서 이정미 재판관이 2017. 3.13.자로 역시 임기가 만료되어 각 퇴임하는 것이 법률상 예정되어 있음에도 불구하고 공석인 후임자를 선출하여야 할 구체적 작위의무를 부담한다고 보아야 할(헌재 2014. 4.24.자 2012헌마2) 해당기관인 헌법재판소는 물론이고 대통령 권한대행, 대법원장, 국회 등이 결원을 충원하기 위한 조치를 취하지 아니한 채 결원 상태에서 이번 사건과 같이 중차대한 역사적, 국가적 사건을 재판하도록 방임하는 것은 국민과 헌법을 우롱하는 직무유기라고 아니할 수 없습니다.

특히 피청구인, 즉 박 대통령의 입장에서는 궐위인 박한철 소장의 후임은 대통령, 즉 자신의 권한대행자이자 자신이 임명한 총리 황교안의 지명인 자리이므로 단 1명의 재판관 자리가 결정적 가치를 갖는 이 사건에서는 황교안 대행의 박한철 소장 후임자 지명은 이 사건 탄핵이 기각되어 직무에 복귀할 현실적 가능성을 좌우하는 이 사건 승패의 키입니다.

이와 같이 대통령의 후임자 충원이 박근혜 대통령 탄핵의 기각 여부를 좌우할 수 있는 이 사건에서 박한철 전 헌재 소장이나 이정미 소장 권한대행이 후임자 지명을 대통령에게 신속히 요청하지 않아 만에 하나라도 탄핵이 인용된다면 이는 결정적인 원인제공이며 고의적인 직무유기이므로 이 사건 탄핵심판은 무효를 면할 수 없습니다. 이런 중대한 법적 하자를 방치한 채 심판이 내려지면 가부간에 국민들의 일치된 승복을 받을 수 없어 헌법재판소는 물론이고 국가 전체가 국민으로부터 불신을 당하는 국가적 불행사태가 생기지 않을까 심히 우려되어 이 점을 특별히 지적해둡니다(2017. 2.9.자 법조의견 참조).

4. 졸속탄핵 즉 국회 탄핵소추 과정의 위법성 등과 관련한 사실인부 신청

이 사건의 청구인, 즉 국회 측 대표인 권성동 소추위원님께 아래의 사항을 묻습니다.

1) 국회의 탄핵소추장을 대표님께서 작성한 것으로 아는데, 〈비선조직〉, 〈국정농단〉이라는 이 사건 탄핵소추장의 핵심용어는 이 나라 법전 어느 곳에 있는 법률용어입니까? 대한민국 대통령을 헌법 제65조에 따라 법률적으로 탄핵하신다면서 수천, 수만의 법률용어는 다 제치고 하필이면 대한민국 법전 어느 곳에도 없는 비법률 용어를 골라서 탄핵하신 이유는 무엇입니까?

2) 혹자는 말할지 모릅니다. 탄핵은 司法(사법)이 아니라 정치이기 때문에 굳이 법률용어를 사용할 필요가 없다고 합니다. 정말입니까? 정치재판이라면 아스팔트길에서 인민재판을 하지 뭐하러 이 신성한 헌법재판소 법정에서 평생 법만 알고 살아오신 헌법재판소 법관들로부터 재판을 받으려고 하십니까?

3) 정확히 〈비선조직〉이란 무슨 뜻이며, 〈국정농단〉이란 무슨 뜻입니까?

4) 이 사건 탄핵소추 의결을 하기에 앞서서 어떤 사실조사를 하였나요? 아니면 신문기사와 검찰의 공소장만 보고 탄핵소추장을 쓴 것인가요?

5) 박영수 특검은 언제 무슨 목적으로 설치하였나요?

6) 특검에서 조사 착수하기 전에 이 사건 탄핵소추안을 의결한 것이지요?

7) 특검의 조사 결과를 기다리지도 않고 소추의결한 이유는 무엇인가요?

8) 이 사건 탄핵소추장은 일반 국민들에게는 물론 국회의원들에게조차도 투표 당일까지 낭독하거나 배부된 적이 없다는데 사실입니까?

9) 탄핵소추장을 일반 국민에게 공시하신 적이 있습니까?

10) 국회의원에게는 언제 어떻게 배부하였나요?

11) 12. 9. 본회의 의결 이전에 국회 법사위에서 탄핵소추장을 의결하였나요?

12) 국회에서 탄핵소추장을 만들 때 법률전문가의 자문이나 의견을 받았나요?

13) 국회의 표결 전에 국민의 의사를 수렴하였나요? 여론조사 말고 공청회를 열었나요?

14) 탄핵소추장을 피소추인, 즉 박근혜 대통령에게 고지하고 의견을 구한 적이 있나요?

15) 미국이나 브라질 등 외국의 의회는 탄핵소추를 의결하기까지 1년여 이상 걸리는 것을 알고 있나요?

16) 당시 며칠 만에 후다닥 탄핵소추를 의결할 무슨 특별한 이유가 있었나요?

17) 표결 전에 야당의원들은 의원직 사퇴서를 당 간부들에게 내고 투표장에 들어간 것이 맞나요? 이것은 반대투표를 사전에 막기 위한 것이지요?

18) 표결 전에 의원들이 토론은 거쳤나요?

19) 탄핵 사유가 13개 항인데 사항별로 투표하지 않고, 13개 사항을 일괄하여 투표한 것이 맞나요?

20) 왜 탄핵사유별로 개별 투표하지 아니하고 일괄 투표하였나요?

21) 만일에 개별 투표하였으면 13개 사항 중 몇 개가 의결되었을까요?

22) 세월호 사항은 반대가 많았기 때문에 끼워넣기 위해 일괄투표한 것이 아닙니까?

23) 일괄투표하면서 사유에 대해 투표한 것이 아니라 탄핵 찬반투표를 한 것이 아닙니까?

24) 탄핵소추안 의결은 각개 사유별로 성립되는 법률행위인 것은 아십니까?

25) 탄핵소추안 의결을 각 사유별로 특정시키지 아니한 채 찬반 투표로 결정하는 것은 위헌이나 위법이라고 생각하지 않습니까?

26) 13개 탄핵소추 사유가 확정된 것은 2016. 12.9. 본회의 탄핵소추안 의결로부터 몇 시간 전입니까?

27) 국회 탄핵소추안 작성 전에 국회의 입법전문위원의 검토 의견은 받으셨습니까? 검토 의견을 받았다면 그 검토의견을 이 법정에 제출해 줄 수 있나요?

28) 2017. 2.1.자 준비서면은 법사위원회나 본회의 의결을 거쳤나요?

29) 이 서면은 준비서면이라고 되어있는데, 탄핵소추장에는 없는 새로운 내용이 많이 들어있지요?

30) 이렇게 준비서면을 쓰라고 강일원 재판관이 준비절차에서 지시하였나요?

31) 탄핵소추장에 의하면, 박근혜 대통령이 공무원도 아닌 최순실이라는 일개 민간인을 비선조직으로 두고 그 비선조직이 국정의 여기

저기에 마음대로 관여하도록 방임, 즉 국정농단을 방임하였기 때문에 헌법위반, 뇌물죄, 직권남용죄, 강요죄가 성립된다고 탄핵소추장에서 주장하고 있습니다. 그런데 탄핵소추 의결 당시 검찰도 박근혜 대통령에게 뇌물죄의 책임이 있다고 한 적이 없지요?

32) 수사검사도 아니라고 한 뇌물죄를 수사도 하지 않은 국회에서 무슨 근거로 범죄라고 단정하여 탄핵소추의 가장 핵심 사유로 넣었습니까?

33) 세월호 사건 당시 대통령의 7시간 행적 문제에 대하여 당시 많은 국회의원들이 세월호 사건을 탄핵사유로 넣는 데 반대하였지요?

34) 그런데 법사위원장께서는 무슨 이유로 이 세월호 사건을 탄핵사유의 핵심으로 넣으셨습니까?

35) 국회는 이 사건 탄핵소추장에서 박근혜 대통령에게 국민의 생명을 존중하여 세월호 피해자를 구조할 책임을 물으셨는데 국민의 생명을 존중하여 구조할 헌법상의 책임이 있다면 그 책임은 대통령에게만 있는 것이 아니라 여야 국회의원을 포함한 국가공무원 모두에게 있는 것 아닙니까?

36) 따라서 대통령에게만 세월호 사고 당시 7시간의 행방을 물을 것이 아니라 적어도 국회의원 299명 전원으로부터 진술서를 받은 연후에 대통령에게도 요구해야 되는 것 아닙니까?

37) 무슨 법적 근거에서 대통령에게만 7시간의 행방을 묻는 것입니까?

5. 강일원 재판관의 위헌, 불법한 변론권 제한

가. 피청구인 측의 적법절차 위반 주장에 대한 강일원 재판관의 변론 및 입증 불허처분은 헌법과 법률에 위반된 변론권 제한입니다.

국회가 졸속하게 대통령 탄핵소추안을 의결하더라도 헌법재판소가 그 졸속한 탄핵소추 의결을 적법절차에 위반한 소추의결로 보아 각하하거나 기각만 해도 국회의 졸속한 탄핵소추 의결은 재발하지 않을 것입니다. 그런데 불행히도 이 사건 주심 재판관인 강일원 재판관은 준비절차과정에서 쟁점정리라는 미명하에 "2004년 노무현 대통령 탄핵사건 재판에서 국회의 의결절차는 국회의 자율권 행사라고 판단하였으므로 헌법재판소에서 재판을 하지 않겠다.

따라서 국회의 의결절차상의 하자를 다투는 어떠한 주장이나 그 주장에 관련한 증거조사는 들어주지 않겠다"라고 하는 그릇된 재판처분을 내려 피청구인의 적법절차 위반 항쟁을 준비절차의 쟁점정리라는 이름 아래 불허하여 피청구인의 변론을 원천적으로 봉쇄하는 위헌, 불법을 저지르고 있습니다. 그 바람에 피청구인 측은 지금까지 2016. 12.9.자 국회 탄핵소추에 관한 여러 가지 적법절차 위반 사유에 대해 아무런 항쟁도 못하고 있습니다. 이는 명백히 헌법의 적법절차에 위반된 변론권 제한입니다. 따라서 만일 이 사건에서 탄핵인용이 결정된다 하더라도 이는 피청구인의 변론권(항쟁권)을 제한한 상태에서 내려진 판결로서 원천무효입니다.

나. 2004년 노무현 대통령 탄핵사건 심리결정에서 노무현 대통령 측, 즉 피청구인 측의

  1) 충분한 조사 및 심사가 결여되었다는 주장
  2) 투표의 강제, 투표 내역의 공개, 국회의장의 대리투표 주장
  3) 본회의의 개의시각의 무단 변경 주장
  4) 투표의 일방적 종료선언 주장
  5) 질의 및 토론 절차가 생략되었다는 주장
  6) 탄핵소추 사유별로 의결되지 않았다는 주장
  7) 피청구인에게 혐의사실이 고지되지 않았고, 의견제출의 기회가 주어지지 않았기 때문에 적법절차 원칙에 위반된다는 주장 등이

모두 기각된 것은 사실입니다. 그러나 그렇다고 하여 노무현 대통령 탄핵심판과는 당사자는 물론이고 쟁점(법률 및 사실관계)과 이슈가 전혀 다른 이 사건에 대하여 마치 '쟁점효(먼저 사건에서 판결로 확정된 주요 쟁점은, 後의 사건에서 같은 당사자 간에 재론하지 못한다는 법리인데 우리나라에서는 인정되지 않는 법리이다)'의 효력을 인정하는 것과 같은 주장, 입증제한을 가하는 것은 어불성설입니다.

우선 탄핵심판 사건은, 우리나라의 경우 그 전례가 2004년의 노무현 대통령 탄핵사건 한 건뿐입니다. 따라서 위 사건의 결정례 하나만 가지고 이를 마치 누적된 사건의 집적 위에서 반복되는 경우에 비로소 인정되는 보편적·일반적 법원리, 즉 단순한 선례가 아니라 '판례법', 즉 보편

적·강행적 법규 또는 *法源*으로서의 판례라고 할 수 없습니다.

둘째, 노무현 사건에서는 적법절차 위반이 사건의 '주요한 쟁점'으로 다루어지지 않았습니다. 따라서 이 부분에 대한 결정이유를 보면 어떤 법 원리나 외국의 선례 등을 근거로 한 것이 아니라 단문단답 형식으로 작성한 결정이유라 이것을 *法源*(법원), 즉 구속력 있는 선례라고 하거나 소위 쟁점효의 효력을 인정하는 근거로 내세우는 것은 어불성설입니다.

셋째, 우리나라는 판례법 국가가 아니기 때문에 판례의 법원성이 인정되지 않습니다.

넷째, 사건의 동일성이 없으면 선례의 구속력이 없습니다. 그런데 노무현 대통령 탄핵사건과 이 사건 탄핵사건은 그 배경, 원인, 과정, 적용법규, 사실관계가 전혀 상이합니다.

다섯째, 노무현 대통령 사건은 탄핵사유가 형식상은 여러 가지가 있지만 실질상, 법률상으로는 공직선거법상의 공무원의 정치적 중립의무 위반이라는 한 가지로 모아졌습니다. 반면에 이 사건은 헌법위반 5개항, 법률위반 8개항으로 총 13개인데, 각 사유마다 그 내용, 시점, 관련자 등 사실관계, 법률관계가 상이합니다.

여섯째, 당시에는 노무현 대통령의 공개발언 내용이 주로 문제가 되어 사실관계는 쟁점이 되지 않고 순전히 법률해석만 쟁점이 되었습니다. 반면 이 사건의 경우엔 사실관계가 모두 다투어지고 있고, 현재도 계속 수사가 진행되면서 많은 사실주장이 거짓으로 드러나고 있어 절차의 졸속성이 크게 문제가 됩니다.

요컨대, 노무현 대통령 탄핵사건의 결정이 있기 때문에 이 사건에서 피청구인 즉 대통령 박근혜는 자신을 대통령직에서 쫓아내는 국회의 불순한, 불법한 졸속의 황당한 소추절차의 위헌성, 위법성이 재판의 쟁점이나 증거조사 대상이 될 수 없다는 강일원 재판관의 판단, 처분, 결정은 아무런 법적근거가 없는 강일원 재판관 개인의 독선적 처분입니다.

이는 저희 3인 변호사만의 의견이 아니라 이 나라 여러 헌법학자, 전 헌법재판관, 시민들의 일치된 의견입니다. 이 점을 입증하기 위해 여러 전문가 증인을 신청합니다. 만일 피청구인 측이 강일원 재판관의 주장이나 의견에 동의하시는 거라면 반대전문가들을 함께 불러 증인절차를 가질 것을 제안합니다. 강일원 재판관님도 자신의 견해를 뒷받침하는 증인을 청구인 측 증인의 소환, 심문을 통하여 밝혀주시기를 부탁드립니다. 만일 저희들의 이 증거신청을 거부하신다면 이는 재판부 스스로 강일원 재판관의 〈국회의 탄핵소추 과정의 위헌, 위법을 다투거나, 입증할 수 없다는 입증불허, 주장불허 처분〉은 헌법과 법률에 명백히 어긋나는 궤변임을 자인하시는 것이라고 이 나라 국민들은 판단할 것입니다.

다. 헌법재판소가 국회 탄핵소추의 적법성 여부를 쟁점에서 제외하는 것은 헌법원리상 맞지 않습니다.

아래에서 보면,

첫째, 국회의 탄핵소추 의결이 헌법 또는 법률상의 적법절차에 맞느냐, 안 맞느냐를 헌법전문 司法(사법)기관이자, 헌법상 탄핵사건의 전속

관할법원인 헌법재판소에서 다루지 않겠다면 대한민국에서 어느 누가 다룬단 말입니까? 그러면 대법원에서 다룰까요? 아니면, 국민들이 다룰까요? 만일에 국회 탄핵절차의 적법 여부를 헌법재판관들이 헌법과 법률, 양심에 따라 조사, 판단하지 아니하고 아스팔트 거리의 국민숫자로 재판한다면 대한민국의 아스팔트길은 불원간 피눈물로 뒤덮일 것입니다. 이런 식의 재판은 언론도 할 수 있습니다. 굳이 헌법재판소를 두어 국민의 세금을 낭비할 필요가 없습니다.

　둘째, 만일 국회는 아무리 위헌적이고, 불법적인 졸속절차로 대통령을 탄핵해도 헌법재판소나 어느 누구도 그 절차나 방법의 위헌성, 위법성을 다툴 수 없다, 즉 위헌적인 탄핵절차를 항쟁할 수 없다고 한다면 청구인, 즉 국회는 마음대로 대통령을 졸속으로 탄핵할 수 있는데도 피청구인, 즉 대통령은 국회의 졸속한 탄핵소추 의결에 대해 항쟁할 수 없어 당사자 대등의 헌법원칙에 어긋납니다. 요컨대 정의와 형평에 맞지 않습니다.

　셋째, 이는 국회, 대통령의 국가권력 분립 관계에서 국회는 탄핵제도, 즉 헌법재판소의 사법권력을 활용하여 대통령 권력을 견제할 수 있는데 비해 대통령은 견제와 균형을 위한 국회해산권은 고사하고 탄핵절차에서조차 단원제 국회의 불법, 졸속한 대통령 탄핵에 대항할 수 없어 헌법상 권력구조의 대원칙인 3권분립의 근본 원리가 완전히 훼손됩니다.

　넷째, 정치적으로 보더라도 1987년 헌법은 대통령의 장기독재를 막는다는 명분하에 대통령 임기가 5년 단임인 약한 대통령제입니다. 거기다 부통령제도 두지 않았습니다. 반면에 국회는 단원제에다가 4년 임기에 임기회수에 제한이 없고, 입법권, 예산승인권 외에 국정감사권, 국정조사권, 인사동의권 등 세계에서 가장 강한 권력을 가진 국회입니다. 특히 이 사건처럼 국회는 대통령을 탄핵하는 권한이 있는데, 대통령은 의회해산권이 없어 우리나라의 권력관계는 단연코 국회 쪽으로 기울어져 있어 이번 사건처럼 대통령 임기 말에 국회가 여소야대가 되면 탄핵이 거의 자동적으로 따라오게 되어 정치불안이 지속됩니다. 더욱이 우리나라는 탄핵소추 의결만 되어도 피소추자의 권한 행사가 정지되어 국회는 졸속한 탄핵소추 의결을 통해 사실상 대통령을 무력화시킬 수 있어 준전시 상태에 있는 대한민국의 안보위기 및 경제위기를 초래하고 있습니다.

다섯 번째, 대통령 탄핵사건의 심리에 있어서 탄핵소추자, 즉 국회의 졸속한 탄핵소추 의결이 있어도 그 절차의 위헌성, 적법성을 헌법재판소의 사법심사 대상에서 제외하는 주장이나 이론은 대통령의 직무수행에는 통치행위 이론을 적용하지 않으면서 국회에 대하여는 통치행위 이론을 적용하는 궤변입니다.

여섯 번째, 대통령은 국가의 원수로서 대통령 1인의 단독 관청이지만, 국회는 300명의 집단회의체입니다. 원래 절차의 적법성은 주로 회의체 기관인 국회에 적용되는 원리이지 단독 관청인 대통령에게 적용되는 원리가 아닙니다.

그런데 강일원 재판관의 처분대로 하면 단독 관청인 대통령에게는 직무수행 방법이나 절차의 불법 내지 부적절한 (최순실이란 비선조직을 이용한) 직무수행을 이유로 강요죄, 직권남용죄, 뇌물죄의 책임을 물으면서 정작 방법, 절차의 적법성을 따져야 될 합의체, 즉 국회에 대하여는 직무수행의 방법이나 절차의 적법성을 따지지 않는 어이없는 모순을 초래합니다.

이는 저희 3인 변호사만의 의견이 아니라 이 나라 여러 헌법학자, 전 헌법재판관, 시민들의 일치된 의견입니다. 이 점을 입증하기 위해 여러 전문가 증인을 신청합니다. 물론, 청구인 측은 반대 전문가들을 함께 불러 강일원 재판관의 〈대통령은 국회의 탄핵소추 과정의 위헌, 위법을 다투거나, 입증할 수 없다〉는 의견을 뒷받침할 수 있을 것입니다. 강일원 재판관님도 청구인 측에 부탁하여 자신의 견해를 뒷받침하는 법리적, 학술적 논거를 제시하여 주시기를 앙원합니다.

만일 재판부가 저희들의 이 증거신청을 거부하신다면 이는 재판부 스스로 강일원 재판관의 〈국회의 탄핵소추 과정의 위헌, 위법을 다투거나, 입증할 수 없다〉는 입증불허, 주장불허 처분은 헌법과 법률에 명백히 어긋나는 궤변임을 자인하시는 것이라고 이 나라 국민들은 판단할 것입니다.

요컨대, 강일원 재판관의 독단적인 변론권 제한은 법적근거가 전혀 없는 위헌적, 불법적 재판처분으로서 판결의 무효사유가 된다는 점을 분명히 지적해둡니다.

6. 강일원 재판관의 공정 및 중립의무 위반과 재판의 무효

강일원 재판관은 소위 〈쟁점정리〉라는 이름 아래 새로운 탄핵소추장 내용을 제시하여 청구인 측으로 하여금 〈준비서면〉이라는 이름 아래 소추장의 내용을 변경하도록 하고, 이 변경된 소추장 내용에 따라 재판을 진행하여 불공정한, 편파적 재판진행을 하여 왔습니다.

2016. 12.9.자로 국회에서 의결된 이 사건 탄핵소추장은 헌법위반 5개 항, 법률위반 8개 항의 총 13개 항으로 구성되어 있었습니다. 따라서 피청구인 측은 이 13개 탄핵사유에 대하여 변론과 반증수집으로 대응하여 왔습니다. 그런데 이 사건의 주심인 강일원 재판관은 2017. 1.경 진행된 준비절차 기일에서 국회의 탄핵소추장 내용이 산만하고 형사사건 공소장처럼 보여 헌법재판을 하기에 적합하지 않으니 이 사건의 쟁점을 1. 비선조직에 의한 국정농단에 따른 국민주권주의와 법치주의 위반, 2. 대통령의 권한남용, 3. 언론자유 침해, 4. 생명권 침해(세월호 사건)의 네 가지 헌법 위반으로 정리하여 오라고 청구인 측에 요구, 권유, 코치하였고, 이 요구, 권유, 코치에 따라 이 사건 탄핵심판 청구인, 즉 이 나라의 국회 대리인은 2017. 2.1. 강일원 재판관이 요구한 내용에 맞추어 종전의 40여 쪽짜리 탄핵소추장의 거의 배가 되는 70여 쪽의 새로운 탄핵소추장을 〈준비서면〉이라는 이름으로 헌법재판소에 제출하여 그 이래 헌재는 이 준비서면을 근거로 하여 이 사건 탄핵심판을 진행하고 있습니다.

아무리 〈쟁점정리〉라고 이름을 붙여도 당초 2016. 12.9. 국회가 의결한 13개 탄핵사유와 그 탄핵소추장에 적힌 사실관계를 4개의 헌법위반으로 법률구성을 바꾸고 사실관계도 이 새로운 법률구성에 맞추어 재작성하도록 구체적으로 사실관계의 재구성 순서와 제목까지 가르쳐 주고, 이에 따르라고 당사자 양측에 지시하는 것은 쟁점정리가 아니라 명백한 소추장 변경 지시입니다. 소추내용은 국회가 토의하여 의결하고, 헌법재판소는 국회가 의결한 소추내용이 옳은가 아닌가를 재판하는 것이지 국회가 소추한 탄핵소추장이 잘못되었으니까 이렇게, 이렇게 고치라고 새로운 탄핵소추장을 써주는 것이 어떻게 〈쟁점정리〉란 말입니까?

그리고 이 헌법재판관의 지시에 따라 그 지시내용대로 탄핵소추장의 법률구성을 바꾸고 사실관계도 새로운 법률구성에 맞추어 전면적으로 재작성하고, 더 나아가 탄핵소추 의결 이후에 박영수 특검이 멋대로 수사하여 만든 블랙리스트 작성 등 새로운 사실관계까지 다수 추가하여 대통령에 대한 탄핵소추장의 내용을 전면 재구성하여 헌재에 제출하는 것은 아무리 이름을 〈준비서면〉이라 하였어도 실질상 새로운 탄핵소추 사유 내지 탄핵소추장의 추가 내지 변경입니다. 탄핵소추장을 변경하려면 탄핵소추 의결과 마찬가지로 국회 재적의원 3분의 2 이상의 찬성이 있어야 하는 것은 삼척동자도 아는 법리입니다.

법관은 공평하고 중립이어야 합니다. 법관은 경기의 선수가 아니라 심판이기 때문입니다. 청구인 측의 법률구성이 잘못되었으면 청구를 각하하거나 기각하면 되는 것입니다. 탄핵소추장 내용의 모호한 말의 의미를 분명히 밝히라고 지시하는 것은 몰라도 법률구성이 애매모호하니 이렇게 고치라고 모범답안을 가르쳐 주는 것은 공정한 법관의 직무수행이나 직업윤리가 아닙니다. 오히려 법관의 윤리강령에 어긋나고, 적법절차의 헌법정신에 어긋나는 위헌적인 재판진행입니다. 더욱이 청구인 측은 사실상 대통령이 없는 상태에서는 이 나라의 실질적 최고 권력기관인 국회이며, 그 대리인들은 이 나라 최고의 기라성 같은 변호인들입니다. 이들 엘리트 변호사들의 법률지식과 실력이 무엇이 모자란다고 재판을 담당한 재판관까지 나서서 법률구성의 잘못을 잡아주고 있단 말입니까?

정말로 이해하기 어려운 사법혼란입니다. 이런 의문점들에 대하여 강일원 재판관의 진심 있고 성의 있는 답변을 촉구합니다. 만일 이런 사법혼란이 시정되지 않은 상태에서 탄핵인용 결정이 나면 그 결정은 공정하고 중립적인 제3자로부터 재판을 받을 헌법상의 권리에 위배되어 법률상 무효입니다.

7. 강일원 재판관의 위헌적인 증거규칙 입법

아무런 헌법적 근거도 없이 당사자가 동의하지 않는 수사기관의 조서에 증거의 적법성을 부여하여 위헌적인 증거규칙을 멋대로 입법하고, 그 위헌적인 증거규칙을 근거로 검찰이 일방적으로 작성한 조서를 이 사건 탄핵심판의 증거로 채택한 이 사건 재판진행의 위헌, 위법성을 지적합니다.

강일원 재판관은 1월17일 재판에서 "현재 동의되지 않은 진술조서와 피의자 신문조서라 하더라도 진술과정에 변호인이 입회하여 확인한 조서는 증거로 채택한다"는 새로운 증거법을 만들어냈습니다. 또한 "진술

과정이 전부 녹화된 것은 적법증거로 채택한다"는 새로운 증거법도 만들었습니다. 그러나 헌법재판소법 제40조를 보면, "헌법재판소의 심판절차에 관하여는 이 법에 특별한 규정이 있는 경우를 제외하고는 헌법재판의 성질에 반하지 아니하는 한도에서 민사소송에 관한 법령을 준용한다. 다만, 탄핵심판의 경우에는 형사소송에 관한 법령을 준용한다"라고 규정하고 있습니다. 즉 이 사건 탄핵심판 사건에 적용될 증거규칙은 형사소송법령임을 분명히 밝히고 있습니다. 어느 법령에도 재판관들이 형사소송 법령이나 민사소송 법령에 위반된 증거규칙을 제정할 수 있다는 규정이 없습니다. 법령의 범위에서 증거규칙을 만드는 경우라도 마치 대법원 규칙의 제정절차와 같은 입법절차를 거쳐야 마땅합니다. 그런데 강일원 재판관은 아무런 법적근거도 제시하지 않고, 형사소송법과 상치되는 증거규칙을 규칙제정 절차도 거치지 아니한 채 멋대로 입법하여 시행하는 월권을 하고 있습니다. 이것이야말로 직권남용의 탄핵사유가 되는 것이 아닐까요? 요컨대 수사기관의 조서에 관한 강일원 재판관의 위 증거규칙은 헌법의 傳聞(전문)증거 배제의 원칙, 형사소송법의 극히 제한적인 전문증거 인정원칙에 위반되는 것은 물론이고 민사소송법의 규정에도 근거가 없는 순전히 개인적인 사설 증거규칙입니다. 강일원 재판관은 무슨 헌법적, 법적, 학술적 근거에서 이러한 위헌적인 탄핵심판의 증거규칙을 공식적인 규칙제정 절차도 거치지 아니하고 만들어서 이 사건 탄핵심판에 적용하는지 상세히 설명, 해명하여 줄 것을 요청드립니다.

8. 강일원 재판관의 독선적인 적용법 해석

헌법재판소법 제40조 단서는 "탄핵심판의 경우에는 형사소송에 관한 법령을 준용한다"고 명문으로 규정하고 있습니다. 특히 이번 사건은 탄핵사유가 대부분 형사범죄사건이므로 형사소송법령이 준거법이 되는 것은 사건의 속성에도 부합한다 하겠습니다. 그런데 강일원 재판관은 준용이지 적용이 아니라는 이상한 이유를 내세워 민사소송법령을 종종 내세워 당사자의 합의로 소송의 각종 절차를 결정하고 이 합의를 내세워 직권탐지의 고압적인 재판을 실행하고 있습니다. 이 사건은 형사사건에 준하여 피청구인의 인권이 최대한 보장되어야 할 것입니다.

9. 강일원 재판관의 편파적인 직권증인신문

지금까지 헌법재판소에서 실행된 증인신문의 동영상을 보면 강일원 재판관은 주심재판관으로서 증인신문에 적극적으로 참여하고 있습니다. 그런데 그 신문의 내용을 보면 대부분 피청구인 측 증인에 대하여 마치 청구인의 대리인이 하는 것처럼 증인과 증언의 내용을 탄핵하고 있습니다. 청구인 측 증인에 대하여는 거의 직권신문이 없고 주로 피청구인 측 증인에 대하여만 집중되어 있으며, 신문의 내용이나 방식도 재판관의 개인적인 사전지식을 기초로 하여 마치 청구인의 대리인처럼 반대신문을 하고 있는 것을 쉽게 알 수 있습니다. 이는 청구인, 피청구인 어느 한쪽에 기울어지지 아니하고 공정하고 중립적인 지위에서 재판의 진행과정상 부득이한 경우에 한하여 절차진행에 관여하여야 되는 재판관의 도리를 완전히 벗어난 것입니다. 이와 같은 편파적인 직권증인신문에 대하여 그 근거와 이유를 해명하여 주시기 바랍니다. 위 주장을 입증하기 위하여 동영상 및 녹취록을 작성 중에 있사오니 근일 중에 제출할 수 있도록 기회를 주시기 바랍니다.

10. 헌법재판소장 대행 이정미 재판관의 직무유기 및 변론권 제한

가. 대통령 탄핵심판이라는 역사적, 국가적, 국제적 사건의 심판시한을 이정미라는 특정 재판관의 퇴임일자인 3월13일 이전 선고에 맞추어 증거조사 및 변론절차를 과속, 졸속으로 진행하는 것은 공정한 재판진행이 아닐 뿐만 아니라 피청구인에 대한 변론권 제한으로써 위헌입니다. 특히 2월20일, 22일, 24일로 일주에 세 번이나 변론기일을 열고, 24일을 최종변론기일로 지정하여 과속으로 변론을 종결시키는 것은 3월13일 자신의 퇴임일자에 맞추어 재판을 의도적으로 과속 진행한다는 의혹을 명명백백하게 증명하는 객관적 증거입니다. 본인은 국정불안을 우려하여 과속으로 진행한다고 애국심에 결부시키지만 이것을 진실로 믿을 사람은 아무도 없습니다. 더 나아가 객관적으로 과속, 졸속한 재판인 이상 그것이 애국심이냐 아니냐는 문제가 될 수 없습니다. 애국심이 졸속재판을 정당화시킬 수는 없습니다. 물론 국정불안이라는 것도 근거가 없

습니다. 졸속재판이야말로 국정을 불안하게 만드는 것입니다.

나. 만일 탄핵인용 결정이 나면 이는 무효를 면할 수 없습니다. 물론 헌재는 단심법원이므로 상소의 길은 없습니다. 그러나 再審(재심)사유가 있으므로 재심은 가능합니다.

뿐만 아니라 부당한 변론권 제한은 위헌이므로 그 자체가 징계사유, 탄핵사유, 처벌사유입니다. 국제적으로도 유엔인권위원회 제소 사유가 될 것입니다. 물론 정치적으로는 국민적 저항을 받을 것입니다.

다. 지난 1월25일 전 박한철 소장은 그의 마지막 재판기일 법정에서 이정미 재판관이 3월13일 퇴임할 예정이므로 그 전에 판결이 선고될 수 있도록 재판을 서둘러야 한다고 발언하였고, 문재인 씨 등 야당의 실력자들 역시 같은 취지로 발언하여 현재 이 나라의 언론과 국민이 모두 이를 기정사실화하고 있습니다. 그런데 8명의 재판관 중 1명에 불과한 이정미 재판관의 퇴임예정일자가 이 사건의 판결시한이 되어야 할 아무런 법적, 논리적 근거가 없습니다. 왜냐하면 헌법재판소법 제23조는 "재판관 7명 이상의 출석으로 사건을 심리한다"고 규정하고 있어 이정미 재판관이 퇴임하더라도 사건심리를 하는 데는 법적, 사실적 장애가 되지 않기 때문입니다. 그럼에도 불구하고 마치 이정미 재판관이 퇴임하면 이 사건을 재판할 수 없는 것인 양 박한철 전임 헌재소장과 야당의 실력자들이 여론을 오도하는 것은 이정미 재판관이 자신은 탄핵을 인용할 의사임을 외부에 표시하였기 때문에 저들이 이정미 재판관의 퇴임 이전에 재판을 끝내려고 하는 것이 아닌가 하는 의혹을 사실상 피하기 어렵습니다. 통상의 법관이라면 이러한 상황하에서는 자신의 무관함을 적극 해명할 터인데 이정미 재판관은 그러한 의혹에 대해 해명의 노력을 하기는커녕 오히려 재판일정을 자신의 퇴임일 이전에 결심하는 것으로 공식적으로 발표하고, 그 시한을 맞추기 위해서 1차 불출석하였다는 이유만으로 채택된 증인을 무조건 직권취소하는 등 재판을 무리하게 졸속으로 진행하여 의혹을 한층 확인시키고 있습니다. 원래 한 나라의 근간이 되는 헌법사건의 재판, 특히 이 사건 박근혜 대통령 탄핵사건과 같이 좌우, 진보 대 보수, 촛불과 태극기 데모가 극한적으로 대립되어 나라의 명운을 좌우하는 역사적, 국가적 사건을 재판함에 있어서는 절차적 정의와 실체적 진실의 실현에 조그만 하자도 있어서는 아니되므로 일주일에 두 번씩 재판하는 지금의 재판진행도 비정상적인 졸속재판이라 할 것인데, 더욱이 이러한 졸속한 재판진행을 두 달씩이나 강행하여 양측의 대리인들이나 연로한 재판관들이 체력적으로 인간의 한계 상황에 처해 있는 상황에서 자신의 퇴임일자가 무슨 헌법상의 판결시한이라도 되는 것처럼 무리에 무리를 더하는 이러한 고압적이고 졸속한 재판진행은 이 사건이 지닌 역사적, 국가적 의미를 생각할 때, 도저히 묵과할 수 없는 직권남용이라 아니할 수 없습니다. 이러한 졸속한 재판진행 끝에 심판이 내려지면 이 사건 판결은 현재 극한적으로 양분된 국민 간 분열과 대결을 해소하기는커녕 오히려 그 분열과 대립을 더 격화시켜 나라를 내전상황으로 몰고 갈 위험마저 있으며 자칫하면 1989년 이래 〈대한민국 법치주의의 최후의 보루〉라는 헌법재판소의 명예와 전통이 무너짐은 물론 헌법재판소의 존립마저 위태롭게 될 것이 불을 보듯 명확합니다. 이 점을 인식한다면 이정미 재판관은 마땅히 자신의 퇴임일자가 판결시한으로 정해진 이 슬픈 현실에 대하여 자신의 처신에 어떤 잘못은 없었나 깊이 성찰하고, 그 의혹 해소를 위한 진지한 성의를 보여야 할 것입니다.

라. 그런 점에서 말로만 근거 없는 의혹이라고 하지 말고 행동으로 보여야 할 것입니다. 우선 2017. 2.20., 2.22., 2.24.로 단 일주일 만에 3회나 변론기일을 열고 더욱이 최종변론기일을 최종 증거조사 기일 이후 사실상 단 하루 만에 여는 누가 보아도 비정상적인 재판기일 지정부터 철회하고, 어떠한 재판시한도 정하지 않고 피청구인의 증거신청, 변론을 방해 또는 제한하거나 정당한 이유 없이 1회 불출석만으로 기각 결정하거나 채택을 취소하는 위압적인 졸속재판을 하지 않을 것을 공개 선언하여야 합니다. 만일에 그러한 성의 있는 노력이 없으면 피청구인 측은 이정미 재판관으로부터 공정한 판결을 받을 수 없다고 판단하여 중대한 결심을 아니할 수 없음을 분명히 밝혀두는 바입니다.

마. 이러한 상태에서는 심리 및 결정에 재판관 정원인 9인 전원의 견해가 빠짐없이 반영되는 것이 아니게 되므로 헌법재판청구인들의 공정

한 재판을 받을 권리를 침해한다 할 것입니다. 따라서 이 사건 부작위는 청구인의 공정한 재판을 받을 권리를 침해합니다(2014. 4.24. 2012헌마2 재판관 박한철, 재판관 이정미, 재판관 김이수, 재판관 이진성의 반대의견 참조).

11. 본 사건과 같은 중대한 헌법사건을 졸속처리하는 재판부에 대한 몇 가지 꿈틀(고언)

가. 헌법재판이 아닌 형사재판으로 두 달을 허비한 것은 전적으로 청구인의 책임입니다.

헌재 재판관들은 2016. 12. 말부터 한 주에 두 번씩(화, 목) 변론기일을 열어 그야말로 주야로 이 사건의 심리에 전력을 기울였습니다. 그러나 2017. 2.22. 오늘 현재까지 15회의 기일이 거의 모두 최순실 형사사건의 검찰신문조서와 법원의 증인신문조서 및 증인의 증언으로 채워졌습니다. 결과적으로 이 사건 탄핵심판 사건은 헌법사건이 아니라 형사사건이 되어 버렸습니다. 그것도 피청구인 박근혜 대통령의 형사사건이 아니라 최순실 및 대통령의 비서 등 측근들의 형사사건입니다. 그러나 헌법상의 탄핵사유는 피청구인 본인의 직무상 헌법위배 또는 법률위배이지 피청구인이 아닌 타인의 직무상 헌법위배나 법률위배가 아닙니다. 결국 청구인은 지금까지 탄핵사유와 직접관련이 없는 타인의 범죄, 비리, 부정을 입증하는 것에 모든 시간을 낭비한 것입니다. 그러나 이는 청구인의 책임이지 피청구인의 책임은 아닙니다.

나. 피청구인의 반증, 반론은 지금부터입니다.

지금까지 탄핵사유의 입증책임이 있는 청구인이 그 주장과 입증을 다 마쳤으므로 지금부터는 피청구인 측에서 청구인의 주장입증의 잘못과 오류, 허점을 지적하고 더 나아가 청구인 측 소추의결의 절차상 하자 및 실체상 법리 또는 사실관계의 모순을 주장 입증할 차례입니다.

다. 헌재가 아무런 법적근거도 없는 판결시한을 이유로 지금부터 시작되는 피청구인의 반론, 항변 및 반증의 기회를 박탈하는 것은 명백한 변론권 제한이며 불공정한 편파적 재판진행입니다.

더욱이 헌법재판소법 제38조는 심판기간을 접수한 날로부터 180일 이내로 정하고 있기 때문에 이제 겨우 80여 일밖에 지나지 않은 시점에서 마치 법정판결시한이라도 닥친 것처럼 결심을 재촉하며 피청구인 측의 정당한 변론과 증거조사를 모두 불허하고 배척하는 것은 중대한 변론권의 침해입니다.

12. 결론

대통령 탄핵사건은 국회와 대통령간의 권력 충돌입니다. 즉 일종의 政變(정변)입니다. 이 정치적 변란을 법관들이 재판하는 것이 과연 가능하냐고 의문을 가지는 사람도 많습니다. 법의 잣대로 정치권력의 싸움을 가린다는 것은 재판관들에게도 큰 부담입니다. 2004년 노무현 대통령 탄핵사건 때는 심판의 중간시점인 2004. 4.15. 국회의원 총선거가 있었고, 그 총선거에서 노무현 대통령에 대한 탄핵소추가 선거의 최대 쟁점이 되었는데, 노무현 대통령을 지지하는 열린우리당이 압승을 거두었기 때문에 정치적 관점에서는 탄핵기각이라는 결론이 이미 내려졌습니다. 더욱이 사건 내용도 대통령의 공개발언이 공직선거법 위반이라고 하는 비교적 경미한 내용이라 탄핵기각이 자연스럽게 내려질 수 있었습니다. 또한 언론도 양측이 균형을 맞추었습니다. 따라서 헌법재판소는 중대성 위법이라는 이론으로 타협적 판결을 내려 양측으로부터 환영받는 판결을 할 수 있었습니다.

그러나 이번 탄핵사건은 내용이 복잡한 데다 770여억 원의 뇌물죄 성립 여부가 핵심이라 사안이 매우 심각합니다(탄핵이 인용되면 박 대통령은 검찰에 구속되어 교도소로 가게 될 것이 거의 확실합니다). 게다가 촛불시위와 태극기시위가 극한 대립을 하고 있어 재판관들로서는 어떤 결론을 내도 극심한 반발에 시달릴 것이 명약관화합니다. 자칫하면 헌법재판소의 존립 자체가 위협받게 될 것입니다. 이러한 딜레마 상황에서 헌법재판소가 택할 최선의 길은 졸속한 탄핵소추 의결 절차를 조사, 판단하여 탄핵소추 의결 자체를 절차위반으로 却下(각하)하는 것입니다. 뿐만 아니라 법리상으로도 적법절차에 대한 심리, 조사를 거부하는 것보다는 이를 심사하는 것이 헌법이나 사법의 법리에 부합합니다.

이 나라 법치주의의 최후의 보루인 헌법재판소가 이 사건의 심판을 놓고 극한적으로 대립, 분열된 이 나라 국민을 구하고 헌법재판소의 존속과 국민의 신뢰를 받으시려면 탄핵내용의 진위를 조사하는 형사재판에 들어가기 이전에 누가 보아도 명백한 국회의 졸속처리를 이유로 탄핵 결정을 거부하여 책임을 국회에 넘기는 것이 '뿌린 자가 거둔다', '결자해지'의 국민상식에도 부합하고 정의에도 맞는 올바른 결정임을 믿어 의심하지 않습니다. 우리나라 법치주의를 위해 간곡히 부탁드리면서 이 준비서면을 마칩니다.

2017. 2.22.

피청구인 대리인

변호사 정기승

변호사 김평우

변호사 조원롱

헌법재판소 귀중

기 피 신 청 서

사　　　건　2016 헌나 1 대통령(박근혜) 탄핵
신청인(피청구인)　대통령(박근혜)
　　　　　　　　서울시 종로구 청와대로 1(우편번호 03048)
소 송 대 리 인　변호사 조원룡

> 헌법재판소가 김평우 변호사의 증거신청을 아무런 구체적 이유 설명없이 단지 피청구인의 기존 변호인 대표 이동흡, 이중환 변호사와 사이에서 2월22일 증거조사 마치기로 재판 일정에 합의했으므로 이를 바꿀 수 없다는 지극히 형식적·피상적인 이유를 들어 모두 기각했다. 이동흡, 이중환 변호사는 연락 책임자이지 대표가 아니다. 법원은 아무 근거도 없이 이들을 변호인단 대표라고 억지 감투를 씌워 이 둘과 합의하면 끝이라는 억지를 부린 것이다. 유감스럽게도 이동흡, 이중환 두 변호사는 법원의 억지에 아무 항변이나 이의를 제기하지 않고 묵묵히 앉아 있어 법원의 억지를 합리화 시켜주는 듯한 석연치 않은 태도를 취했다.
> 김평우 변호사는 법원이 이럴 경우에 대비하여 미리 기피신청서를 준비해 갔다. 처음엔 이정미 재판관과 강일원 재판관 두 사람 모두를 기피하려 했으나 많은 변호사들이 강일원 주심의 횡포가 가장 심했다고 하는 데 일치, 강일원 한 사람만 기피한 것이다. 법률상으로는 3일 내에 기피 사유와 소명자료를 내게 되어 있으나, 憲裁는 단 10분의 停會(정회) 후 바로 돌아와 기피신청이 오로지 재판지연을 위한 것이라는 터무니없는 이유를 붙여 기각했다.

위 사건에 관하여 신청인의 소송대리인은 다음과 같은 사유로 헌법재판관 강일원의 기피를 신청합니다.

- 신 청 취 지 -

〈헌법재판소 2016 헌나 1 대통령(박근혜) 탄핵사건에 관하여 헌법재판

관 강일원에 대한 기피신청은 이유 있다.〉라는 결정을 구합니다.

신 청 원 인

신청인(피청구인)은 청구인 국회가 탄핵소추의결을 함으로써 탄핵소추를 당하여 현재 귀소에서 탄핵심판 중에 있으나 동 사건의 헌법재판관 강일원은 피청구인 측의 적법절차 위반주장에 대한 위헌, 위법한 변론 및 입증불허 처분을 통한 변론권제한, 소위 〈쟁점정리〉라는 이름아래 새로운 탄핵소추장 내용을 제시하여 청구인 측으로 하여금 〈준비서면〉이라는 이름아래 소추장의 내용을 변경하도록 하고, 이 변경된 소추장 내용에 따라 재판을 진행하여 불공정한, 편파적 재판진행, 아무런 헌법적 근거도 없이 당사자가 동의하지 않는 수사기관의 조서에 증거의 적법성을 부여 하여 위헌적인 증거규칙을 멋대로 입법하고, 그 위헌적인 증거규칙을 근거로 검찰이 일방적으로 작성한 조서를 이 사건 탄핵심판의 증거로 채택한 위헌, 위법한 재판진행, 편파적인 직권증인신문, 독선적인 적용법해석을 통해 고압적인 재판진행을 함으로써 위 재판관이 이 사건에 관여함은 헌법재판소법 제40조에 의해 준용되는 민사소송법 제43조 제1항에 규정된 재판의 공정성을 해할 수 있는 사유에 해당될 수 있으므로 이 사건 기피의 신청에 이른 것입니다.

소 명 방 법

추후 제출하겠습니다.

첨 부 서 류

1. 송달료납부서 1통

2017. 2.22.

위 신청인(피청구인) 대통령(박근혜)

소송대리인 변호사 정기승

변호사 김평우

변호사 유영하

변호사 조원룡

지금 국회는 국민 여러분이 뽑은 대통령을 '속임수 탄핵'으로 내쫓으려 하고 있습니다!

사법 역사를 새로 쓴 김평우 변호사의 2시간 변론(초록) 2017.2.22. 헌법재판소 탄핵심판사건

1. '섞어찌개 일괄투표'는 위헌이다

탄핵은 탄핵사유별로 성립되므로 각 사유별로 개별투표해야 하는데, 국회는 사유별 개별투표가 아니라 13개 사유 전체에 대한 일괄투표, 즉 탄핵 찬성, 반대의 양자택일 투표를 한 것입니다. 이는 구체적 탄핵사유를 요구하는 헌법 제65조의 탄핵규정에 맞지 않는 위헌적인 투표입니다. 이렇게 되면 투표자의 의사와 표시가 불일치하는 법적 모순이 생깁니다. 예컨대, 50명의 의원은 사유 1에, 다른 50명의 의원은 사유 2에 … 이런 식으로 각기 다른 사유로 탄핵을 찬성하였다고 가정하면, 만일 개별 사유별로 투표하면 13개 사유가 모두 3분의 2의 정족수에 미달하여 탄핵

헌법재판소에서 변론 중인 著者(2017년 2월22일) / ⓒ 헌법재판소 홈페이지 동영상 캡처

사유가 하나도 성립되지 않을 터인데 일괄투표하면 각자 탄핵을 찬성하는 이유는 달라도 결론, 즉 탄핵이란 주문에는 모두 찬성이기 때문에 마치 13개 탄핵사유 전부가 3분의 2의 찬성을 얻은 것으로 속임수가 나오는 것입니다.

2. '섞어찌개 탄핵사유'는 위헌이다

국회는 뇌물죄, 직권남용죄, 강요죄 이 세 개의 법률위반으로 나누어 탄핵소추의결을 하지 않고 한국은 물론 세계 어느 나라도 하지 않는 '뇌물죄+직권남용죄+강요죄'라는 하나의 복합범죄, 쉽게 말해 '섞어찌개' 범죄를 만들어 박근혜 대통령을 탄핵소추하는 속임수를 쓴 것입니다. 만일, 국회 간부들이 고의적으로 이런 섞어찌개 탄핵사유와 섞어찌개 표결안을 만들어 무고한 박근혜 대통령을 탄핵하여 쫓아내려고 한 것이라면 이들은 동료의원들을 속이고, 헌법재판소를 속이고, 국민을 속인 것입니다. 이는 단순한 사기죄가 아니라 주권자인 국민을 속이고 권력을 독점하려는 그야말로 국정농단의 대역 죄인들이 아닐까요?

3. '先 소추, 後 증거조사'는 위헌이다

'先증거수집-後소추'가 아니라 '先소추-後증거수집'이라는 불법한 탄핵소추의결 때문에 지금 우리나라는 최순실, 안종범 등이 형사재판을 받는 와중에서 특검이 보강수사를 위해 구속의 필요성(증거인멸 및 도주의 우려)이 전혀 없는 이재용 삼성 총수를 구속수사하고, 더 나아가 국회가 증거보강을 위한 청문회를 계속 열어 수많은 기업총수들이 해외 출장을 못하게 막아 나라의 경제와 치안이 크게 위협받고 있습니다.

4. '8인 헌재 평결'은 위헌이다(2014. 4.24. 2012헌마2 결정)

헌법재판소법 제23조의 "7인 이상의 출석으로 심리한다"는 규정은 심리에만 적용되고, 평결에는 적용되지 않습니다. 이 사건 대통령 탄핵 심판은 9명 헌법재판관 이름으로 선고되어야 하고, 만일 8명 또는 7명 이름으로 선고되면 이는 헌법상 하자 있는 결정이므로 무효입니다.

5. '국회에 면죄부를 주는 것'은 위헌이다

헌법재판소는 아무런 법적근거도 없이 "국회의 의결 절차상의 하자를 다투는 어떠한 주장이나 그 주장에 관련한 증거조사는 들어주지 않겠다"라고 억지를 부려 朴 대통령 측의 적법절차 위반 항쟁을 원천적으로 봉쇄하는 불법재판을 하고 있습니다. 대통령의 직무수행에 대하여는 통치 행위이론을 적용하지 않으면서 국회에 대하여는 통치 행위이론을 적용하여 면죄부를 주는 궤변입니다.

6. '80일 졸속 재판'은 위헌이다

헌법재판소법 제38조는 심판기간을 접수한 날로부터 180일 이내로 정하고 있기 때문에 이제 겨우 80여 일밖에 지나지 않은 시점에서 마치 법정판결 시한이라도 닥친 것처럼 대통령 측의 증거신청을 모두 각하하고 바로 판결 내리는 것은 중대한 변론권 침해로서 판결은 원천 무효입니다.

2017. 2.24.

법치와 애국모임

(중앙일보 2월24일字에 게재된 광고)

진정한 법치주의는
不義에 분노하는 것입니다!

법치 없는 언론은 '쓰레기 언론'이고, 법치 없는 검찰은 '권력의 시녀', 공포의 '혁명 검찰'에 불과합니다.

이날 태극기 집회 연설에서 김평우 변호사는 국회가 '속임수 탄핵소추'를 의결했음을 비판, 대한민국 법치주의가 무너졌음을 집중적으로 지적했다. 金 변호사는 '막말 변호사란 비판을 듣더라도 법치주의 수호에 앞장설 것'이라고 말해, 청중들의 박수를 받았다. 그는 '제2의 건국운동'에 나설 것을 제안하며 3·1절 태극기 집회에 많은 시민들이 참석해 줄 것을 독려했다.

1. 저의 주장 요지는 국회가 속임수 탄핵소추 의결을 하였다는 것입니다

애국시민 여러분! 저는 김평우 변호사입니다. 조갑제닷컴의 《탄핵을 탄핵한다》 著者(저자)입니다. 지금 헌법재판소에서 탄핵심판을 받고 있는, 박영수 特檢(특검)으로부터 기소중지를 받은 박근혜 대통령님의 변호인단의 일원입니다. 지난 2월22일 헌법재판소에서 열린 박근혜 대통령 탄핵심판 사건 제16차 재판기일에서 국회의 2016년 12월9일자 탄핵소추는 '섞어찌개 일괄투표'와 '섞어찌개 탄핵사유'로 작성된 '섞어찌개 탄핵소추'이고, 증거조사도 없는 '졸속 탄핵'이기 때문에 헌법 제65조의 탄핵요건 규정과 전혀 맞지 않는 위헌적인 소추의결임을 밝혔습니다.

2. '막말 변호사'라는 비판에 대하여 저는 어떠한 희생도 감수할 각오입니다

제가 변론 중에 주심재판관의 재판진행이 국회 측에 일방적으로 기울어진 편파적인 재판임을 지적하면서 주심재판관을 '국회 측 수석대리인같이 행동한다'고 비난했다고 하여 언론으로부터 제가 '막말 변호사', '막장 변호사'라는 불명예스러운 호칭을 얻었습니다. 더 나아가 김현 대한변호사협회장 당선자로부터 저의 발언이 변호사의 품위를 손상시켰는지 여부를 조사하기 위해 징계위원회에 회부하겠다고 말씀하셨다는 언론보도도 읽었습니다.

예, 맞습니다. 저들의 기준으로 보면 저는 막말 변호사일지 모릅니다. 저들의 눈으로 보면 저의 변론은 대한민국 변호사들의 기존 변론방식을 완전히 벗어난 막장 변론인지도 모르겠습니다. 그들 말대로 저는 대한민국의 변호사의 자격이 없고 역대 대한변호사협회장님들의 고귀한 이름을 더럽힌 막장 변호사 협회장인지도 모르겠습니다. 저들의 잣대로

著者의 연설을 듣고 있는 태극기 집회 참가자들(2017년 2월25일, 서울 덕수궁 대한문 앞) / ⓒ 유우상

보면 저는 올바른 변호사가 아니라 대중에게 내란을 선동하는 선동가, 또는 사이비 혁명가로 보일지도 모르겠습니다. 그러나 저는 후회하지 않습니다.

이 세계에는 수천만 명의 변호사가 있고, 대한민국에도 2만 명이 넘는 변호사가 있습니다. 그러나 혁명가든 선동가이든 아니면 막장 변호사이든 세계 역사에 기백 명도 안 될 것입니다. 만일에 저에게 변호사라는 호칭 대신에 '혁명가'라는 호칭이 붙여진다면, 설사 '사이비 선동가', '노망난 늙은이'라는 전제가 붙더라도 저는 일생일대 최대의 영광으로 생각하겠습니다. 저는 기꺼이 대한변호사협회의 변호사 자격 박탈을 받아들이겠습니다. 저는 기꺼이 박영수 特檢(특검)이 내리는 어떠한 처벌도 받겠습니다.

3. 진정한 법치주의에 대한 나의 신념은 不義에 분노하는 것입니다

여러분, 이 나라의 많은 원로 어르신들이 우리는 무조건 헌법재판소의 결정에 승복해야 한다며 그것이 법치주의라고 말씀하십니다. 저는 동의하지 않습니다. 법치주의에 맞아야 법치주의입니다. 법치주의에 맞지 않은 것이 설사 그것이 언론의 이름으로 나왔든 국회의 이름으로 나왔든, 법관의 이름으로 나왔든, 검찰의 이름으로 나왔든 더 나아가 원로의 이름으로 나왔든, 그것이 진실이 아니고 법치에 맞지 않으면 저는 승복할 수 없습니다.

불행히도 헌법재판소가 單審(단심)이라서 더 이상 上訴(상소)의 길은 없다 하더라도 이 세상에는 수천년간 인류 역사에서 지켜져 온 자연법 질서, 神의 질서, 정의와 공평이 있고, 인권이 있습니다. 그것이 바로 진정한 법치주의 원리입니다. 저는 바로 이 진정한 법치주의의 원리를 따르는 정통파 법치주의의 길을 걷겠습니다. 한 목숨 다 바쳐 神이 명령하시는 진리의 길을 걷겠습니다.

여러분, 神은 우리 인간들에게 차가운 지성만 주신 것이 아닙니다. 신은 우리에게 차가운 지성 보다 수백 배 더 고귀한 뜨거운 감성을 주셨습니다. 가족과 이웃에 대한 사랑, 아름다운 자연에 대한 사랑 그리고 不義(불의)를 보고 참지 못하는 분노를 주셨습니다. 여러분, 민주주의는 피를 먹고 산다는 말이 있지 않습니까?

권력의 횡포와 거짓 앞에 굴복하지 않고 용감하게 저항하는 그 분노의 감정이야말로 신이 우리들에게 주신 최고의 선물입니다. 분노할 줄 모른다면 민주시민이 아닙니다. 분노할 줄 모른다면 정의가 지켜질 수 없고 법치주의가 세워질 수 없습니다. 저는 민주주의를 위해서라면, 정의를 되찾기 위해서라면, 법치주의를 실현하기 위해서라면 무섭게 분노하겠습니다.

4. 법치 민주주의의 회복만이 국정혼란을 극복하는 지름길입니다

  박정희 대통령의 경제개발 덕분에 우리 국민들이 잘 살게 되자 지난 30년간 이 나라의 소위 좌파·진보 정치인과 지식인, 언론인, 문화인들은 지금까지 열심히 일해 잘 먹고 잘 살게 되었으니 이제는 일하지 말고 잘 나눠 먹는 게 민주주의라며 마치 민주주의가 법치민주주의가 아니라 인민민주주의인 것으로 국민을 착각에 빠뜨렸습니다. 민주주의에 대한 이런 착각과 오해가 전교조의 그릇된 주체사상 주입교육과 노조의 시도 때도 없는 反정부 촛불집회로 나타난 것입니다.

  지난 30년간의 이러한 오해와 착각의 총결산이 바로 2016년 12월9일 국회가 졸속으로 처리한 바로 이 사건, '섞어찌개' 탄핵소추입니다. 그런데 아이러니하게도 국회의 박근혜 대통령님에 대한 이런 졸속한 섞어찌개 탄핵소추 때문에 우리 국민들은 저들의 '촛불 민주주의'가 진정한 민주주의가 아니라 거짓 민주주의라는 것을 깨닫게 되었습니다. 저들의 일방적이고 편파적인 언론독점이 민주주의를 망치는 첫 길이라는 것을 깨우쳤습니다. 이제야말로 우리 국민들은, 민주주의는 오로지 공정한 언론과 검찰, 사법의 법치주의 위에 서 있어야만 참다운 민주주의가 된다는 것을 뼈저리게 느낀 것입니다.

5. 이제는 참다운 법치 민주주의 대한민국을 세울 때입니다

법치 없는 민주주의는 허구입니다. 법치 없는 언론은 '쓰레기 언론'입니다. 법치 없는 국회는 인민독재의 '촛불 국회'입니다. 법치 없는 검찰은 '권력의 시녀', '공포의 혁명 검찰'입니다. 법치 없는 재판은 '인민재판'입니다.

여러분, 神이 우리들에게 주신 입[口]은 "예~예~ 알겠습니다"라고 권력에 복종만 표시하라고 주신 게 아닙니다. 神이 우리들에게 주신 머리는 박영수 특검의 공포에 질려서 땅만 내려보며 숙이라고 주신 게 아닙니다. 두 손과 두 발은 열심히 일해서 잘 먹고 잘 살라고만 주신 것이 아닙니다. 민주주의를 파괴하려는 사이비 민주주의, 법치주의를 무시하는 무소불위 권력자들의 횡포에 대항하여 고개를 바짝 들어 하늘을 쳐다보고, 주먹을 흔들며 용감하게 "아! 자유 대한민국"을 외치라고 주신 것입니다.

대한민국의 國是(국시)를 주체사상으로 바꾸려는 反대한민국, 불의의 세력들에게 맞서서 이제야말로 참다운 법치민주주의 대한민국을 세울 때입니다. 이제 우리는 국민소득 2만 달러가 넘는 경제大國이 되지 않았습니까? 이제야말로 우리들의 머리와 두 손과 두 발을 잘 먹고 잘 사는 데에만 쓰지 마시고 자유·민주·법치의 建國이념을 제대로 이 땅에 실현하여 선진 대한민국으로의 도약을 위하여 사용할 때입니다.

6. '제2의 건국'을 위해 애국시민 여러분 다 함께 모입시다!

여러분, 우리 다 함께 2017년 3월1일 이 광장에 다시 모여 자유·민주·법치 대한민국의 제2의 건국 기념일을 선포합시다.

아! 나의 사랑하는 조국 대한민국 영원하리라! 사랑합니다, 여러분!

2017. 2.25.

김평우

준비서면 2

사 건 2016헌나1 대통령(박근혜) 탄핵
청 구 인 국회 소추위원 법제사법위원회 위원장
피청구인 대통령

> 최후 변론기일에서 한 변론요지이다. 탄핵소추의 위헌·위법을 헌법적 관점에서 지적한 거대 담론으로 어려운 내용을 아주 쉬운 말로 잘 설명하여 국민 모두가 탄핵소추의 부당성을 확신하게 만들었다는 평가를 받는다.

위 사건에 대하여 피청구인(박근혜 대통령)의 대리인은 다음과 같이 변론을 준비합니다.

- 다 음 -

1. 13개 탄핵사유의 두 가지 분류

이 사건 탄핵소추는 그 사유가 헌법위반이 5개, 법률위반이 8개로 도합 13개입니다. 헌법위반 행위는 최순실의 정책개입, 인사개입, 利權(이권)개입과 대통령의 언론개입, 세월호 사건 당시 대통령의 행방 등 다섯 개 사항이고, 법률위반 행위는 형법 및 특가법상의 직권남용죄, 강요죄, 뇌물죄, 문서유출 및 공무상 비밀누설죄인데 구체적으로는 재단법인 미르와 재단법인 K스포츠의 설립 및 모금, 롯데그룹 출연금, 최순실 등이 기업체로부터 받은 특혜 다섯 가지, 최순실에게 국가정보 유출 등 8개 사항으로 총 13개입니다.

위 13개 사항중 피청구인 자신의 행위(지시나 발언)를 바로 헌법위배, 법률위배의 탄핵사유로 주장한 것은 헌법위반 4항, 5항, 즉 언론개입과 세월호 사건, 그리고 법률위반 1항(미르재단 및 케이스포츠재단 설립, 모금)과 8항(정보유출)입니다.

나머지는 최순실의 행위(인사개입, 이권개입)가 헌법위배, 법률위배라는 전제에서 피청구인에게 공동정범, 교사, 또는 방조의 공범 책임을 묻는 것입니다.

결국 13개 탄핵사유중 피청구인의 직접책임을 묻는 것은 4개 항이고, 나머지 9개 항은 최순실의 비리, 부정에 대한 연대책임 내지는 공범책임을 묻는 것입니다.

2. 13개 탄핵사유 공통요건: 故意(고의)

탄핵사유의 주관적 구성요소, 즉 故意에 대한 주장과 입증이 흠결되어 있어 헌법제 65조의 탄핵사유 요건을 갖추지 못하였습니다.

헌법 제65조는 헌법에 위배되는 직무집행과 법률에 위배되는 직무집행을 탄핵사유로 규정하였습니다. 그리고 이 사건에서 탄핵결정의 효과는 대통령의 직위상실, 즉 국가원수라는 지위의 상실입니다. 직위상실 그 자체가 형법상의 형벌은 아니지만 공무담임권이라는 헌법상의 권리를 상실하는 기본권의 침해입니다. 특히 피청구인의 경우 박영수 특검이 피청구인을 뇌물죄로 기소중지한 상태라 탄핵결정이 나면 즉시 박영수 특검이나 검찰에 체포, 구속되어 뇌물죄로 재판을 받는 것이 예정되어 있습니다.

그렇다면 피청구인의 헌법위배나 법률위배는 단순한 헌법위배, 법률위배의 객관적 행위 적시 이외에 고의적인 헌법위배, 고의적인 법률위배임을 주장하고 입증하여야 합니다. 주관적 요건으로서의 고의가 있어야 탄핵사유가 성립된다는 것은 이 사건 탄핵사유 중 죄명이 형사범죄로 되어 있는 것은 예컨대 뇌물죄, 직권남용죄, 강요죄, 공무상기밀누설죄 등에 대하여는 형법 총론편 제 13조(범의)에 고의가 범죄의 주관적 성립요소로 명시되어 있고, 형사범죄가 아닌 헌법위배(헌법위배 제4항, 5항)는 비록 명시적 규정은 없으나 '고의(과실의 경우엔 명시적인 처벌규정이 있어야 합니다) 없으면 처벌하지 아니한다'는 근대법의 기본원리에 비추어 자명하다 하겠습니다.

그런데 국회의 이 사건 탄핵사유 13개의 소추에는 단지 헌법위배, 법률위배라고 주장하는 대통령의 직무행위 및 그 결과에 대하여만 사실적시(주장)가 있고, 그 행위가 피청구인의 고의적인 행위였음을 밝히는 여하한 명시적 주장이나 입증이 없습니다.

예컨대, 세월호 건의 경우에 '생명권 경시'라는 헌법위반이 성립되려면 단순히 생명권 존중 의무에 합당한 행위를 하지 않았다는 부작위를 말하는 것 이외에 그 부작위가 고의적이었음을 주장, 입증하여야 할 것인데, 청구인은 이 사건의 전 변론과정에서 피청구인이 고의적으로 생명권 존중의무를 위반하였다는 입증은커녕 주장 자체가 없습니다.

다른 12개 사항 모두가 마찬가지입니다. 이 사건 소추장 전 페이지에 걸쳐 피청구인이 헌법위배나 법률위배를 고의로 하였다는 어떠한 단 한 마디 주장이나 입증이 없습니다. 필시 청구인은 고의는 행위 속에 당연히 내포되어 있으므로 따로 주장하거나, 입증할 필요가 없다는 생각인 듯합니다.

그러나 이는 근거없는 생각입니다. 과실책임의 경우 과실의 주장, 입증 책임이 소추자에게 있듯이 고의도 그 주장, 입증 책임은 소추자에게 있습니다. 이는 미국 형사법(criminal law) 교과서 첫 장에 나오는 법 원칙입니다.

아마 한국에서도 미국법과 마찬가지로 고의를 주장, 입증할 책임은 청구인 측에 있다고 확신합니다. 필요하면 상세히 근거를 제출하겠습니다. 어쨌든 처벌의 객관적 요소뿐만 아니라 주관적 요소(고의 또는 과실)도 소추자가 주장, 입증하여야 한다는 것은 근대 헌법, 형사법의 근본원칙이라 별도의 입증은 필요 없다고 믿습니다(법원에서 의문이 있으시다면 바로 입증하겠습니다).

만일 고의의 주장, 입증책임을 청구인에게 주지 않고 피청구인에게 준다면, 피청구인은 자기에게 고의가 없었음을 주장, 입증하여야 한다는 이야기가 되는데, 이는 마치 이 사건 소추에서 피청구인이 세월호 사건

7시간 동안에 어디서 무엇을 하였는지 밝혀야 무죄가 된다는 식의 한심한 헌법위반적 소추이고, 재판입니다.

다시 한 번 이 사건 소추장을 보아 주십시오. 어느 곳에 피청구인의 고의를 명시한 주장이 있고 고의를 입증한 자료가 있는지. 고의는 원래 입증이 불가능한 요소라고요? 아닙니다. 고의는 정황증거에 의하여 대부분 입증이 됩니다. 그러나 어쨌든 그 정황증거가 무엇인지는 구체적으로 제시되고 설명되어야 합니다.

뿐만 아닙니다. 미국법에서는 '처벌의 선례'가 검사들이 가장 흔히 쓰는 고의의 입증 자료입니다. 즉, 기소사실과 동일한 사건을 법원이 처벌한 선례가 있고 적어도 그 선례가 공식 문서나 판례집에 소개되어 널리 일반인(피소추인을 포함한)에게 공지되었다는 자료가 있으면 피청구인이 이러한 처벌선례가 있는 것을 알면서 같은 행위를 저질렀으므로 고의가 있다고 인정하는 것이 재판관례입니다(흔히들 미국은 판례법 국가라고 말하는데 이것은 판례가 法源이 된다는 의미입니다. 그러나 여기에서 말하는 것은 판례로서의 선례를 말하는 것이 아니라 고의의 입증방법 내지 입증자료로서의 선례를 말합니다. 요컨대, 판례와 선례는 전혀 그 의미가 다른 것인데 우리나라 법조계에는 양자가 구별되지 않고 마구 섞여서 사용되어 많은 오해가 있습니다).

요컨대 피청구인이 알면서 헌법을 위배하고, 법률을 위배하였다는 아무 주장도 입증도 없는 이 사건 탄핵소추는 〈고의 없이 처벌 없다〉는 근대사법의 근본원리에 위반되는 소추이므로 그 자체가 위헌적인 소추로써 무효입니다. 그렇다면 탄핵사유의 행위 및 결과 부분에 들어가 구체적 주장의 진위를 따져볼 필요도 없이 처벌의 주관적 구성요소인 고의의 점에 대한 주장, 입증의 미비를 이유로 기각 또는 각하를 면할 수 없습니다.

3. 연대책임(연좌제)을 전제로 한 이 건 탄핵소추는 헌법에 위반된다

이 사건 탄핵소추에서 세월호 사건을 제외한 나머지 12개 탄핵사유는 피청구인 대통령 박근혜의 행위(지시)가 직접 헌법위배나 법률위배가 된다는 것이 아니라 친구 최순실의 비리, 부정이 헌법위배나 법률위반이므로 박 대통령도 책임져야 한다는 연대책임(보다 정확히는 조선시대의 연좌제)을 져야 한다는 주장이고, 이 주장에 기한 입증입니다.

이런 전제 위에서 청구인은 지난 두 달여간 최순실 등 형사사건의 검찰 및 법원증거를 이 사건 피청구인 탄핵사건의 입증자료로 옮겨 오는 데 거의 모든 시간을 소비하였습니다.

그러나 설사 이 자료들이 모두 인정되더라도 이는 최순실, 안종범의 유죄 증거이지 피청구인의 유죄 증거는 될 수 없습니다. 왜냐하면 우리나라 법률제도는 민사상의 재산권에 기한 의무에 대해서만 연대책임이 인정되고, 형사나 징계책임 등 처벌에서는 연대책임을 인정한 사례가 없습니다. 이는 우리나라 헌법이 개인주의 원리 위에서 개인책임주의를 택하고 있기 때문입니다.

4. 공범책임의 요건인 공범의사의 주장, 입증이 없다

형사법에서 타인의 행위에 대하여 형사책임이 성립되려면 공범자의 요건을 갖추어야만 합니다. 즉, 공범자로서의 범죄의사와 그 공범의사에 기한 범죄 관여 행위(도움, 격려, 코치 등)가 있어야 합니다. 어쨌든 공범의사의 存否(존부)가 이 사건 결정에서는 가장 중요한 책임 구성요건입니다.

그런데 헌재는 지난 두 달간의 재판 과정에서 단 한 번도 이 사건의 최대쟁점인 대통령의 공범의사를 쟁점으로 정리한 적 없고, 청구인 역시 단 한 번도 주장하거나 입증한 적이 없습니다. 주장, 입증 책임 있는 청구인 측에서 한 번도 주장, 입증한 적 없는데 무슨 이유로 피청구인 측에서 공범의사가 없다고 반증, 입증해야 합니까?

요컨대 이 사건은 청구인 측에서 피청구인의 공범의사를 주장, 입증한 적 없으므로 다른 점에 대하여는 더 나아가 볼 것도 없이 각하 내지 기각되어야 합니다.

5. 의결정족수 요건의 흠결

원래 탄핵소추는 설사 피탄핵 소추인이 동일인이라 하더라도 탄핵사유별로 탄핵이 성립되기 때문에 사유 하나하나가 독립된 탄핵이지 여러 개 사유 전체가 모여서 한 개의 탄핵이 되는 것이 아닙니다. 따라서 이번처럼 서로 내용과 적용 법률이 다른 13개 사유를 가지고 탄핵소추를 할 때는 13개 탄핵사유 하나하나에 대하여 투표하여 국회정원 3분의 2 이상의 찬성을 얻은 사유만 골라 그 사유만을 탄핵소추장에 기재하여 헌법재판소에 當否(당부)의 심판을 구하여야 하는 것입니다.

대통령 탄핵제도를 만든 미국의 경우를 보더라도 17대 앤드루 존슨 대통령, 36대 닉슨 대통령, 42대 클린턴 대통령의 탄핵소추 의결시 미국 의회(하원)는 개별사항별로 투표하여 과반수(미국은 하원에서 탄핵소추를 하는데 과반수의 찬성이 있으면 탄핵안이 성립됩니다) 찬성을 받은 사항만 골라서 소추하였고, 더 나아가 탄핵소추안을 심판하는 상원(우리나라와 달리 헌법재판소 대신에 상원이 탄핵심판을 내립니다) 역시 며칠 간격으로 탄핵소추안을 개별로 투표하여 탄핵 여부를 판정하였습니다(위키피디아 '대통령의 탄핵' 참조).

노무현 대통령 사건의 '중대한 법령위배' 법리상에 비추어도 탄핵은 사유별로 검토되어야 합니다. 2004년 노무현 탄핵 심판사건에서 헌재는 '자유민주적 기본질서를 위협하는 행위로서 법치국가 원리와 민주국가 원리를 구성하는 기본원칙에 대한 적극적인 위반행위를 뜻하는 것'이라고 판시한 바 있습니다. 이 판시의 취지는 탄핵사유의 숫자나 양이 아니라 개별 탄핵사유의 질을 가지고 탄핵을 결정하여야 한다는 취지입니다. 이런 점에 비추어 보더라도 국회가 13개 사유를 개별적으로 표결하여 3분의 2 찬성 여부를 확인하지 아니하고 13개를 통틀어서 탄핵 찬반으로 표결한 것은 헌재의 중대성 이론과 상치되는 표결입니다.

 만일 이와 같이 탄핵사유별로 투표하지 않고 일괄하여 표결하면, 탄핵의 찬반 투표가 되는 것이지 개별사유에 대해 투표가 되는 것이 아니므로 탄핵사유를 특정할 수 없습니다. 따라서 12. 9. 국회에서 3분의 2의 찬성을 받은 것은 탄핵의 찬성이라는 정치적 의결은 될지 몰라도 13개 탄핵사유 전부에 대한 탄핵투표의 효력은 없습니다.

 좀더 구체적으로 말하면, 탄핵사유 5, 즉 세월호 사건에 대하여 국회의원 3분의 2가 찬성하였다는 아무런 증거가 없는 것입니다. 다른 사유 12개도 다 마찬가지입니다. 어떤 사유도 국회의원 3분의 2의 찬성을 받았다는 증거가 없습니다.

 국회의 이번 일괄표결이 단순히 탄핵에 대한 찬반 투표가 아니라 탄핵사유 13개 전체에 대한 일괄적인 찬성투표라고 주장하는 것은 아무런 근거 없는 일방적인 주장입니다. 그렇다면 13개 사유 모두에 대하여 국회의원 234명이 똑같이 찬성하였다는 말인데 이는 아무런 증거가 없는 일방적 주장입니다.

 이 주장은 마치 13개 사유를 개별 투표했더라도 13개 사안 전부에 대하여 234명이 찬성하였을 것이라는 가정인데 이것은 아무런 증거도 없고, 상식에도 맞지 않는 가설입니다. 민법상 의사표시는 의사가 외부적으로 표시되면 객관적 사정에 의하여 해석되어야지 의사자의 주장에 의하여 주관적으로 해석되는 것이 아닙니다.

 그렇다면 이 사건 탄핵소추는 13개 탄핵사유의 진위에 대한 심판에 들어가기에 앞서 국회 3분의 2 이상의 동의를 받을 것을 요구하는 헌법 제65조의 명문 규정에 위배되어 각하를 면하지 못한다 할 것입니다.

6. 탄핵사유의 구체성, 명확성, 논리적 연결의 흠결

원래 소송은 不告不理(불고불리)의 대원칙 위에 서 있습니다. 이는 이 사건 탄핵심판에서도 마찬가지입니다. 원고(이 사건 탄핵심판 청구인) 측이 소송의 범위를 특정시켜야 피고(이 사건 탄핵심판 피청구인 박근혜 대통령) 측이 방어권을 행사할 수 있고, 또 그 공방 위에서 법원의 심판 범위가 특정될 수 있는 것입니다.

형사소송법 제254조 4항은 '공소사실의 기재는 범죄의 시일, 장소와 방법을 명시하여 사실을 특정할 수 있도록 하여야 한다'라고 규정하고 있습니다.

그런데 이 사건 탄핵소추장을 보면 탄핵사유의 내용과 그에 적용된 헌법위반, 법률위반의 조항이 모두 복합적이며, 위반 사실도 일시, 장소, 방법이 전혀 특정되지 아니한 채 포괄적으로, 추상적으로 (두루뭉수리하게) 기재되어 있어 피청구인으로서는 도저히 무엇을 부인하고, 무엇을 반대하여야 되는지 알 수가 없습니다.

특히 법령위배의 결론이라고 할 적용법령 부분을 보면 한 개로 특정되어 있지 않고, 여러 죄명이 나열되어 있어 과연 청구인의 소추사유가 무슨 법령 위반인지 특정되지 않습니다.

그러니 피청구인의 입장에서 무엇을 어떻게 방어해야 되는 것인지 방어의 범위가 특정되지 않아 사실상 실효적인 방어가 불가능합니다.

원고도, 피고도 구체적으로 모르는 탄핵사유를 법원이 어떻게 알고 심판하실 수 있는지 피청구인 대리인으로서는 이해가 안됩니다. 결정사항, 범위도 법관이 직권주의로 마음대로 정해서 판단한다면 이는 不告不理(불고불리)의 소송법 대원칙, 형사소송법 제254조에 위배된 결정입니다.

단적으로, 헌법위반 탄핵사유 1.을 보면 "박근혜 대통령은 공무상 비밀내용을 담고 있는 각종 정책 및 인사문건을 청와대 직원을 시켜 최순실(최서원으로 개명. 이하 '최순실'이라고 합니다)에게 전달하여 누설하고, 최순실과 그의 친척이나 그와 친분이 있는 주변인 등(이하 '최순실 등'이라고 합니다)이 소위 비선실세로서 각종 국가정책 및 고위공직 인사에 관여하거나 이들을 좌지우지하도록 하였다. 그 과정에서 국무위원이 아닌 최순실에게 국무회의의 심의를 거쳐야 하는 사항을 미리 알려주고 심의에 영향력을 행사하도록 하였다. 이러한 과정을 통하여 박근혜 대통령은 최순실 등의 사익을 위하여 대통령의 권력을 남용하여 사기업들로 하여금 각 수십억 원에서 수백억 원을 갹출하도록 강요하고 사기업들이 최순실 등의 사업에 특혜를 주도록 강요하는 등 최순실 등이 국정을 농단하여 부정을 저지르고 국가의 권력과 정책을 최순실 등의 '사익추구의 도구'로 전락하게 함으로써, 최순실 등 私人(사인)이나 私組織(사조직)이 아닌 박근혜 대통령 자신에게 권력을 위임하면서 '헌법을 수호하고 국민의 자유와 복리의 증진을 위하여 대통령으로서의 직책을 성실히 수행할 것'을 기대한 주권자의 의사에 반하여 국민주권주의(헌법 제1조) 및 대의민주주의(헌법 제67조 제1항)의 본질을 훼손하고, 국정을 사실상 法治主義(법치주의)가 아니라 최순실 등의 비선조직에 따른 人治主義(인치주의)로 행함으로써 법치국가 원칙을 파괴하고, 국무회의에 관한 헌법규정(헌법 제88조, 제89조)을 위반하고 대통령의 헌법수호 및 헌법준수 의무(헌법 제66조 제2항, 제69조)를 정면으로 위반하였다"고 設示(설시)하고 있습니다.

그런데, 위 설시에는 일시, 장소, 행위내용에 대한 아무런 구체적 설시가 없습니다. 즉, 구체적으로 우선 대통령이 최순실에게 유출시킨 소위 '공무상 비밀내용을 담고 있는 각종 정책 및 인사문건'이 구체적으로 무슨 문건을 지칭하는 것인지 특정이 되어있지 않아 피청구인은 청구인의 특정을 기다려야 합니다. 따라서 이 사건 소추장만 가지고는 피청구인은 반론할 수 없고, 법원은 심판할 수 없습니다. 그런데 이에 대한 아무런 특정 없이 국회는 탄핵을 의결했고, 법원은 지난 두 달간 재판을 하고, 지난 2.22에는 더 이상 재판할 것이 없다고 결심을 하고 있는 것입니다.

더 나아가 적용법령을 보면,

국민주권주의(헌법 제1조) 및 대의민주주의(헌법 제67조 제1항) 위반, 법치국가 원칙 파괴, 국무회의에 관한 헌법규정(헌법 제88조, 제89조) 위반, 대통령의 헌법수호 및 헌법준수 의무(헌법 제66조 제2항, 제69조)

위반의 7개 헌법위배입니다. 그러나 구체적으로 탄핵사유가 된 헌법위배 사항은 구체적으로 무슨 사실, 무슨 조항의 헌법 위배인지 전혀 특정이 되지 않은 것입니다.

이렇게 되면 소추된 헌법위배 사실은 무엇이고, 소추된 헌법위배 조항은 무엇인지 구체적으로 특정되지 않고, 사실과 적용 법령간의 논리적 연결도 불분명합니다.

결국 한 개의 탄핵사유안에 7개의 헌법위배가 섞여 있고, 위배사실도 일자, 장소, 방법이 특정되지 않아 아무런 논리적 연결이 되지 않습니다(이는 노무현 대통령 탄핵사유에서 헌법 위배되는 직무사항, 즉 공무원 선거중립법에 어긋나는 발언의 내용, 일시, 장소를 특정시켜 피청구인 측의 방어 범위와 법원의 판단 범위가 특정된 것과는 근본적으로 다릅니다).

그렇다면 이 사건 탄핵소추는 소추사실과 적용법령이 특정되어 있지 않아 그 내용의 當否(당부), 진위 판단에 앞서 각하를 면하지 못한다 할 것입니다.

7. 섞어찌개 탄핵사유의 위헌성

원래 탄핵은 피탄핵자에 대하여 탄핵사유별로 성립되므로 헌법위배나 법률위배별로 탄핵사유가 되고, 여러 개의 법령위배와 헌법위배가 모여서 탄핵사유가 되는 것이 아닙니다.

앞에서 말한 미국의 존슨, 닉슨, 클린턴의 탄핵소추장을 보아도 1개의 죄명과 범죄사실별로 탄핵소추를 의결하고 심판했지, 여러 개의 죄명과 범죄사실을 뭉뚱그려 탄핵소추하거나, 탄핵심판하지 않았습니다.

그런데 이 사건 탄핵소추장을 보면 세월호 사건과 법률위반 제 5항의 공무상 비밀누설죄 이 두 가지 탄핵사유를 제외하고, 나머지 11개 탄핵사유는 적용 법령이 모두 3개 내지 7개의 복수 헌법조항, 법률조항 위반입니다. 단적으로 미르재단, 케이스포츠재단 사건을 보면, 죄명이 뇌물죄, 직권남용죄, 강요죄의 세 가지입니다. 이렇게 세 가지 범죄사실이 복합되어 있으면 이중 탄핵사유가 구체적으로 어느 것인지 특정되지 않습니다. 만일 이 세 가지 범죄가 모여서 한 개의 탄핵사유가 되었다면 이는 탄핵사유를 직무집행에 있어서의 '헌법위배' 또는 '법률위배'로 구체적으로 특정될 것을 요구하는 헌법 제65조의 취지에 맞지 아니합니다.

뿐만 아니라 이는 이 중 어느 한 범죄만 부정이 되어도 이 탄핵사유는 부정되는 것이라고 해석되는 것입니다. 만일 그렇지 아니하면 탄핵사유가 한 개가 아니라 세 개가 되는 모순이 생깁니다.

이는 법률상 대단히 중요한 법적의미가 있는 것이므로 반드시 법정에서 논의가 되어 쌍방의 의견이 제시되어야 할 사항인데 법원은 전혀 이 중요한 법률문제를 다루지 않았습니다.

물론 우리나라 법전 어디에도 뇌물죄, 직권남용죄, 강요죄를 다 합친 그런 복합범죄는 존재하지 않습니다. 아니 세계 어느 나라에도 이렇게 전혀 구성요건이 다른 세 가지 범죄가 혼합된 복합범죄는 존재하지 않습니다. 이는 마치 '사기죄, 공갈죄, 강도죄' 세 가지를 한 개의 탄핵사유로 묶은 것과 같습니다.

결국 국회는 세계의 어느 나라에서도 아니 심지어 우리나라의 무소불위 검사님들도 하지 않는 '뇌물죄+직권남용죄+강요죄'라는 하나의 복합범죄, 쉽게 말해 '섞어찌개' 범죄를 만들어 박근혜 대통령을 탄핵소추, 즉 기소한 것입니다.

만일 어느 법령 위반이든 한 개만 인정되면 탄핵이 성립된다고 한다면 이건 탄핵 소추는 탄핵사유가 13개가 아니라 40여 개가 될 것입니다.

결국 국회는 40여 개의 탄핵사유를 13개의 탄핵사유라고 속이고, 다시 이것을 다 털어서 탄핵사유는 특정시키지 않고 그냥 박근혜 대통령 탄핵안이라는 하나의 안건으로 만들어 찬·반 투표한 것입니다. 그렇다면 이는 구체적인 탄핵사실과 구체적인 법령위배를 탄핵요건으로 하는 헌법 제65조에 정면으로 위배됩니다. 따라서 각하 내지 기각을 면할 수 없습니다.

8. 국회의 적법한 결의 없는 탄핵소추 사유 변경

강일원 재판관은 소위 〈쟁점정리〉라는 이름 아래 새로운 탄핵소추장 내용을 제시하여 청구인 측으로 하여금 〈준비서면〉이라는 이름 아래 소추장의 내용을 변경하도록 하고, 이 변경된 소추장 내용에 따라 재판을 진행하여 불공정한, 편파적 재판진행을 하여 왔습니다.

2016. 12.9.자로 국회에서 의결된 이 사건 탄핵소추장은 헌법위반 5개 항, 법률위반 8개 항의 총 13개 항으로 구성되어 있었습니다. 따라서 피청구인 측은 이 13개 탄핵사유에 대하여 변론과 반증수집으로 대응하여 왔습니다. 그런데 이 사건의 주심인 강일원 재판관은 2017. 1.경 진행된 준비절차 기일에서 국회의 탄핵소추장 내용이 산만하고 형사사건 공소장처럼 보여 헌법재판을 하기에 적합하지 않으니 이 사건의 쟁점을 1. 비선조직에 의한 국정농단에 따른 국민주권주의와 법치주의 위반, 2. 대통령의 권한남용, 3. 언론자유 침해, 4. 생명권 침해(세월호 사건)의 네 가지 헌법위반으로 정리하여 오라고 청구인 측에 요구·권유·코치하였고, 이 요구·권유·코치에 따라 이 사건 탄핵심판 청구인, 즉 이 나라의 국회대리인은 2017. 2.1. 강일원 재판관이 요구한 내용에 맞추어 종전의 40여 쪽짜리 탄핵소추장의 거의 배가 되는 70여 쪽의 새로운 탄핵소추장을 〈준비서면〉이라는 이름으로 헌법재판소에 제출하여 그 이래 헌재는 이 준비서면을 근거로 하여 이 사건 탄핵심판을 진행하고 있습니다.

　아무리 〈쟁점정리〉라고 이름을 붙여도 당초 2016. 12.9. 국회가 의결한 13개 탄핵사유와 그 탄핵소추장에 적힌 사실관계를 4개의 헌법위반으로 법률구성을 바꾸고 사실관계도 이 새로운 법률구성에 맞추어 재작성하도록 구체적으로 사실관계의 재구성 순서와 제목까지 가르쳐 주고, 이에 따르라고 당사자 양측에 지시하는 것은 쟁점정리가 아니라 명백한 소추장 변경 지시입니다.

그리고 이러한 헌법재판관의 지시에 따라 그 지시 내용대로 탄핵소추장의 법률구성을 바꾸고, 사실관계도 새로운 법률구성에 맞추어 전면적으로 재작성하고, 더 나아가 탄핵소추 의결 이후에 박영수 특검이 멋대로 수사하여 만든 블랙리스트 작성 등 새로운 사실관계까지 다수 추가하여 대통령에 대한 탄핵소추장의 내용을 전면 재구성하여 헌재에 제출하는 것은 아무리 이름을 〈준비서면〉이라 하였어도 실질상 새로운 탄핵소추 사유 내지 탄핵소추장의 추가 내지 변경입니다.

탄핵소추장을 변경하려면 탄핵소추 의결과 마찬가지로 국회 재적의원 3분의 2 이상의 찬성이 있어야 합니다. 그런데 소추위원들은 이 결의를 거치지 않았습니다. 따라서 이 소추장 변경은 법률상 위헌으로 무효입니다.

9. 피청구인 대통령은 (탄핵소추장에 적힌) 헌법을 위반한 것이 하나도 없다

이 사건 탄핵소추에서 헌법위반 행위는 최순실의 정책개입, 인사개입, 利權(이권)개입과 대통령의 언론개입, 세월호 사건 당시 대통령의 행방 등 다섯 개 사항입니다. 국회는 소추장에서 박 대통령이 국민주권주의(헌법 제1조)부터 代議(대의)민주주의, 법치국가 원칙, 직업공무원 제도, 평등원칙, 재산권 보장, 언론의 자유 등 12개의 헌법조항을 위반하였다고 주장했습니다. 이를 그대로 받아들이면 박 대통령은 우리나라의 헌법 거의 모든 조항을 위반한 대통령입니다. 민주국가의 대통령이 아니라 마치 북한의 김정은과 비슷한 독재자입니다.

헌법은 탄핵사유를 헌법위반 행위와 법률위반 행위로 나누었는 바, 헌법위반 행위란 헌법조항이나 제도, 원칙 그 자체를 부정, 공격하여 헌법질서를 침해하는 행위입니다. 예컨대 소추장에 열거된 대로 헌법 제1조의 국민주권주의에 위반되었다고 하려면, 대통령이 '국민주권은 나쁘다', '나는 王制(왕제)를 지지한다', '王政을 복구하자'고 말과 행동으로 국민주권 제도의 원칙 자체를 공격하거나 흔드는 행위를 하여야 합니다(프랑스 혁명 때 루이 16세를 탄핵, 처결한 이유가 바로 이것이었습니다. 루이 16세가 왕정복고를 시도하였기 때문에 혁명 헌법의 국민주권 원칙을 위반하였다는 것이었습니다).

그런데 대통령이 '최순실에게 기밀문서를 누설했다', '세월호 사건 때 7시간 행방에 대해 국민에게 밝히지 않았다'는 것 등은 그 자체가 국민주권주의나, 법치주의 원칙, 생명권 보장 등 헌법제도나 원칙을 공격하거나 부정하는 행위가 아닙니다.

朴 대통령의 경우, 대한민국 헌법의 제도나 원칙을 단 하나도 부정하거나 공격하는 言行(언행)을 한 적이 없습니다. 차례로 살펴보겠습니다.

헌법위반 첫 번째 사항은, 대통령이 정책 및 인사에 관한 기밀문서를 최순실 등에게 보내 그들로 하여금 인사에 개입하도록 하여 국민주권주의, 代議민주주의, 헌법수호 및 준수의무, 국무회의 규정 등을 위반하였다는 것이 탄핵사유입니다. 앞서 말했지만 대통령이 기밀문서를 외부에 보낸 행위는 법률위반이나 규정위반이 될지는 몰라도 국민주권주의나 대의민주주의 자체에 대한 부정이나 공격행위, 즉 헌법위반 행위는 아닙니다.

두 번째 사항은, 박근혜 대통령이 청와대 간부들과 문화체육부 장·차관 인사 때 최순실이 추천하는 사람 또는 최순실의 측근을 임명하여, 직업공무원 제도, 대통령의 공무원 임면권, 평등원칙을 위반했다고 소추장에서 주장합니다. 그러나 위의 사례만 가지고는 대통령이 직업공무원 제도나 평등원칙을 부정하거나 공격하였다고 할 수 없습니다. 따라서 헌법위반이 아닙니다. 더 나아가, 대통령이 인사에서 측근을 기용한 것은 편파인사가 될지는 몰라도 그것이 법률위반이나 규정위반의 犯法(범법)행위가 될 수는 없습니다. 대통령의 인사는 고도의 재량적 통치행위라 법이나 규정으로 통제할 수 있는 사항이 아닙니다. 대통령의 인사기준을 법이나 규정으로 통제하는 나라는 어디에도 없습니다. 역대 대통령 중에 측근·정실 인사를 한 번도 안한 사람은 하나도 없습니다. 위헌성이 아니라 위법성도 논하기 어렵습니다. 순전히 정치적 사항입니다.

세 번째 사항은, 대통령이 안종범 경제수석을 통하여 최순실이 불법한 이득을 얻도록 기업에 부당한 압력을 행사하여 기업의 재산권, 개인의 직업 선택의 자유, 기본적 인권의 보장 의무, 시장경제질서 훼손, 헌법수호 및 준수의무를 위반하였다는 요지입니다. 박 대통령이 기업의 재산권이나 시장경제질서, 기본적 인권보장제도 등을 부정하거나 공격한 적이 없음은 앞에서 말한 바입니다. 따라서 헌법위반 행위는 아닙니다(같은 내용을 법률위반 행위로 탄핵사유에 넣었습니다). 요컨대 법률위반 행위로 심판하면 될 사항입니다.

　네 번째 사항은, 대통령이 비서실장에게 지시하여 세계일보 사장을 교체시켰으므로 언론의 자유와 직업선택의 자유를 침해하였다는 요지입니다. 그러나 대통령이 언론의 자유나 직업선택의 자유 그 자체를 부정하거나 공격하여 흔드는 행위를 한 적이 없습니다. 따라서 헌법위반 행위는 될 수 없습니다. 더욱이 대통령의 지시내용이 육하원칙에 따라 구체적으로 특정되지도 않았습니다.

　다섯 번째 사항은, 세월호 침몰 사건 당일, 행방이 불명한 7시간의 행적에 대하여 대통령이 스스로 밝히지 않음으로써 수백 명의 세월호 희생자의 생명을 경시하여 헌법상의 생명권 보장 조항을 위반하였다는 요지입니다. 앞서 보듯이 대통령이 생명권 보장을 부정하거나 공격한 적이 없으므로 헌법위반 행위가 아닙니다. 뿐만 아니라 사건 당일 7시간 행적은 대통령의 사생활을 문제 삼는 것이므로 직무상의 위법을 대상으로 하는 탄핵사유가 될 수 없습니다. 더 나아가 박 대통령의 행방이 세월호 피해자의 사망과는 아무 因果(인과)관계가 없으므로 생명권 경시가 될 수 없습니다. 세월호 사건은 2년 전인데, 사건 발생 2년이 지나서 탄핵사유로 하는 것은 직무수행의 불법성을 이유로 공직에서 추방하는 것을 목적으로 하는 탄핵제도의 본질과 맞지 않습니다. 보다 근본적으로 대통령 개인의 언론의 자유(침묵의 자유를 포함)를 침해하므로 소추 자체가 위헌입니다. 결론적으로 말해 박 대통령에 대해 국회가 낸 탄핵소추장의 탄핵사유 중 헌법위반 행위 부분은 전혀 근거가 없습니다.

10. 공익법인 출연은 범죄가 될 수 없다

국회가 發議(발의)한 탄핵소추안에 적시된 박근혜 대통령의 법률위반 행위는 크게 네 개 항목입니다. 재단법인 미르·재단법인 K스포츠의 설립·모금 관련 범죄(1), 롯데그룹 추가 출연금 관련 범죄(2), 최순실 등에 대한 특혜제공 관련 범죄(3), 문서유출 및 공무상 취득한 비밀누설 관련 범죄(4) 등입니다.

먼저 법률위반 행위 (1), (2)를 보면, (1)의 미르재단·K스포츠재단 건이란, 16개 대기업들이 2015년 11월경 미르재단에 낸 출연금 486억 원과 2016년 2월~8월 현대자동차그룹 등 16개 대기업이 K스포츠재단에 낸 출연금 288억 원 도합 774억 원이 朴 대통령의 강요에 의한 것이고, 특히 삼성그룹 출연액 204억 원, SK그룹 출연액 111억 원, 롯데그룹 출연액 45억 원, 도합 360억 원은 대통령이 기업들로부터 代價(대가)를 주고 거둔 돈이라고 판단하여 뇌물죄가 성립한다는 요지이고,

(2)의 롯데그룹 추가 출연금 관련 범죄란, 롯데그룹이 2016년 5월 재단법인 K스포츠재단에 송금한 75억 원(3일 뒤 K스포츠재단은 롯데 측에 이를 반환)은 롯데그룹이 특혜를 기대하고 대통령과 최순실 측의 요구에 따라 낸 것이므로 뇌물죄, 강요죄, 직권남용죄가 된다는 내용입니다. 결국, (2)는 (1)의 연장선에 있는 탄핵사유입니다.

결국, 미르재단·K스포츠재단 건이 뇌물죄가 되느냐가 이번 탄핵의 핵심입니다.

먼저, 뇌물죄를 봅니다. 뇌물죄가 성립하려면 범인이 직접 또는 제3자를 통하여 뇌물을 받거나 아니면 제3자에게 뇌물을 주게끔 해야 합니다. 그런데 기업들의 출연금 774억 원은 대통령이나 최순실이 받은 게 아니라 미르재단과 K스포츠재단이 받은 것이고, 지금도 두 재단이 출연금의 대부분을 가지고 있습니다. 두 재단은 모두 공익법인이므로 대통령이 소유할 수 없습니다. 두 재단과 대통령은 아무런 이해관계가 없는데, 단지 대통령이 재단의 설립을 추진하고, 모금에 적극 관여했다 해서 출연금 상당의 이득을 뇌물로 받았다고 斷罪(단죄)하는 것은 法理(법리)에 맞지 않습니다.

강요죄, 직권남용죄 부분을 봅니다. 대통령의 권한이 막강하여 기업오너나 임원들은 대통령의 出捐(출연)요청을 거부할 수 없었으므로 직권남용죄, 강요죄가 된다고 합니다. 그러나 권한이 막강하다는 것 때문에 무조건 직권남용이나 강요죄가 된다는 법리나 判例(판례)는 없습니다. 직권남용이나 강요죄가 되려면 구체적으로 어떤 폭력성이나 협박성 있는 불법한 言行(언행)이 있어야 한다는 판례가 있는 바, 탄핵소추장 어디에도 대통령이 그런 불법한 언행을 하였다는 적시가 없습니다.

특히 (2)의 롯데그룹 추가 출연금을 보면, 朴 대통령이 롯데그룹에 추가출연을 요구한 사실 자체가 없습니다.

근본적으로 모든 범죄는 고의가 있어야 합니다. 즉, 출연금 모집이 뇌물죄가 되는 것을 알면서 모금을 하여야 합니다. 그런데 우리나라의 역대 대통령들은 각종의 명분을 내세워 공익재단을 만들거나 공익사업을 벌여 재벌과 기업체들에 출연금이나 찬조금의 기부를 공식적으로 요청한 前例(전례)가 있습니다. 비서들이 기업체 오너나 사장에게 전화하여 출연과 기부를 독려하고, 경제단체는 산하 회원들에게 모금액을 할당시켰습니다. 한 전직 대통령은 금융재단을 만들어 2000여억 원을 모금했습니다. 또다른 전직 대통령도 비슷한 전례가 있습니다. 이것이 바로 온 세상이 다 아는 한국의 準租稅(준조세) 관행입니다. 역대 대통령 중 어느 한 사람도 그런 준조세 행위로 처벌되거나 탄핵소추된 사람이 없습니다.

그동안 한국의 언론, 검찰, 국회의원 중에서 역대 대통령의 준조세 행위에 대하여 '부당하다'고 말한 사람이 없습니다. 그렇기 때문에 피청구인은 공식적으로 재단을 설립하고 출연을 요청한 것입니다.

그렇다면 어떤 기준으로도 피청구인이 뇌물이나 직권의 남용 또는 강요의 의사 또는 인식을 가지고 공익법인을 설립하고 모금을 한 것이라고 볼 수 없습니다.

11. 법률위반 (3): 최순실의 이권개입에 박 대통령이 고의로 관여한 바 없고, 최순실이 이득 보도록 도와주려는 의사가 없었으므로 뇌물죄, 강요죄, 직권남용죄의 책임이 없다.

박근혜 대통령 탄핵소추안에 적시된 법률위반 행위 중 최순실 관련 범죄내용은 다섯 개입니다. 이를 순서대로 살펴보면 아래와 같습니다.

가. KD코퍼레이션 건: 朴 대통령은 안종범 수석에게 지시하여 현대자동차그룹이 최순실의 지인 회사 KD코퍼레이션 회사 제품을 구매하도록 요청하여 2015년 2월~2016년 9월 사이 10억여 원어치의 계약이 성사되었고, 최순실은 KD코퍼레이션으로부터 샤넬백 등 5000여만 원을 사례로 받았으니 10억여 원의 계약은 직권남용, 강요죄이고, 최순실이 받은 5000여만 원은 대통령의 뇌물이라는 요지의 설명입니다. 우선 샤넬백 등 5000여만 원의 금품수수는 최순실과 그 친지간의 사사로운 거래입니다.

따라서 대통령과는 아무런 관련이 없습니다. 어떻게 이것이 대통령의 뇌물죄가 되는지 이해가 안됩니다. 순전히 대통령 망신시키려고 국회가 의도적으로 만든 탄핵사유로 보입니다.

직권남용죄와 강요죄 부분을 살펴보면 우선 대통령이 현대자동차에 지시한 게 아니라 비서에게 지시한 것이므로 그 자체는 강요죄가 아닙니다. 물론 그 지시 내용이 현대자동차를 강요해서라도 납품을 꼭 성사시키라고 하였으면 문제가 되겠지만 그런 지시는 아닙니다. 대통령도 인간이므로 가까운 친지나 친구의 비즈니스를 돕기 위해 업체에 호의적 고려를 부탁할 수도 있습니다. 그 자체를 직권남용이라 할 수는 없습니다(역대 대통령들도 친인척의 비즈니스를 많이 부탁하지 않았지 않습니까). 문제는 부탁의 강도일 뿐입니다. 소추장에 나온 사실로 보아서는 朴 대통령이 상식과 관례를 크게 벗어난 것은 아무것도 안 보입니다.

나. 플레이그라운드 건: 朴 대통령은 안종범 수석에게 지시하여 2016

년 4월~5월경 최순실의 광고회사 '플레이그라운드'가 현대자동차그룹으로부터 다섯 건의 광고를 수주, 9억여 원의 수익을 얻게 한 게 직권남용, 강요죄에 해당한다는 것입니다. 이것 역시 KD코퍼레이션과 마찬가지 경우입니다. 소추장에 나온 사실로 보아서는 朴 대통령이 상식과 관례를 크게 벗어나 지시한 것이 없습니다.

다. 포스코 건: 朴 대통령은 2016년 2월22일 포스코 회장에게 여자 배드민턴팀을 창단하여 더블루케이(注: 최순실이 만든 스포츠 자문회사)에 자문을 맡기면 좋겠다고 요청한 결과, 2016년 3월 포스코 산하 회사로 하여금 마지못해 더블루케이 측과 사이에서 회사가 펜싱팀을 창단하여 더블루케이에 자문을 맡기기로 합의를 하기에 이르렀으니 대통령은 직권남용과 강요죄의 범죄에 해당한다는 요지입니다.

앞서 말했지만, 대통령의 사적인 부탁이 무조건 직권남용이라는 법리나 先例(선례)는 없습니다. 이를 금지하는 어떤 법률이나 복무기준도 없습니다.

결국은 관행으로 결정할 일입니다. 바람직한 일은 결코 아니지만 역대 대통령이 다 측근들을 돕기 위해 기업체 등에 사사로운 부탁을 하였을 뿐입니다. 이것은 朴 대통령의 부탁이 역대 대통령에 비하여 현저히 무리한 부탁이라고 볼 아무 증거도 없습니다. 그렇다면 朴 대통령만 직권남용으로 처벌할 수 없습니다.

강요죄는 폭력성이나 협박성의 위법한 언행을 해야 성립한다는 것이 그간의 判例(판례)입니다. 朴 대통령이 그런 위법한 언행을 하였다는 어떠한 증거도 소추장엔 없습니다. 그러면 강요죄의 요건사실을 갖추지 못한 것입니다.

라. 주식회사 케이티 건: 朴 대통령은 2015년 1월 및 8월경 안종범 수석에게 최순실이 추천한 이○○와 신○○을 케이티 회장에게 부탁하여 채용시키라는 지시를 하여 그대로 인사발령을 나게 하였으며, 다시 2016년 2월경엔 안종범에게 최순실이 만든 광고 대행회사 더블루케이가 케이티의 광고대행 회사로 선정되게 하라는 지시를 내려 2016년 8월 사이에 케이티로부터 7건의 광고를 수주, 5억여 원의 이득을 보게 하여 직권남용과 강요의 범죄를 저질렀다는 것이 요지입니다.

이 역시 앞의 3항과 같습니다. 朴 대통령이 사사로운 부탁을 지시한 것은 잘한 일이 아니지만 그렇다고 그것이 형사범죄가 되느냐는 전혀 별개입니다. 폭력이나 협박성의 위법한 언행을 하도록 지시한 것은 아니므로 강요죄는 아닙니다. 대통령의 사사로운 인사부탁이 직권남용이라는 어떤 법률규정도 판례도 없습니다. 역대 대통령의 경우보다 현저히 더 심한 부탁이라는 증거도 없습니다. 그렇다면 유독 朴 대통령에게만 직권남용의 죄책을 물을 수는 없습니다.

마. 그랜드코리아레저 건: 朴 대통령은 2016년 1월 안종범 수석에게 최순실의 스포츠 컨설팅회사 더블루케이를 한국관광공사 산하 그랜드코리아레저란 회사에 소개해 주라고 지시하여, 2016년 5월경 兩(양) 회사간 장애인 펜싱실업팀 선수 위촉계약이 체결되고 더블루케이는 3000만 원의 에이전트 비용을 얻었으니 朴 대통령에게 직권남용, 강

요죄의 법률위반이 있다는 내용입니다. 이 역시 앞의 1~4와 같습니다. 朴 대통령이 사사로운 부탁을 지시한 것은 잘한 일이 아니지만 그렇다고 그것이 형사범죄가 되느냐는 별개입니다. 폭력이나 협박성의 위법한 言行(언행)을 하도록 지시한 것은 아니므로 강요죄는 아닙니다. 대통령의 사사로운 비즈니스 부탁지시가 직권남용이라는 어떤 법률규정도 판례도 없습니다. 역대 대통령의 경우보다 현저히 더 심한 지시(또는 부탁)라는 증거도 없습니다. 朴 대통령에게만 직권남용의 죄책을 물을 수는 없습니다.

이상 다섯 개의 非理(비리)가 지난 두 달간 이 나라를 촛불시위로 덮고, 대통령의 下野 요구와 탄핵소추라는 일대 政變(정변)을 불러온 소위 최순실 게이트의 총 결산입니다. 금액으로 볼 때 총 15억 원도 안 되는 것으로 추산됩니다. 역대 대통령들의 측근 비리에 비하면 10분의 1도 안 됩니다. 대통령의 관여라는 것도, 안종범 수석에게 도와주라는 지시였을 뿐 폭력성이나 협박성 있는 지시가 아닙니다. 대통령으로서 기업체에 사사로운 청탁을 한 것은 잘못이지만 그것이 뇌물죄, 강요죄, 직권남용죄로 처벌받아야 할 내용은 아닙니다.

12. 법률위반(4) 공무상 비밀누설

朴 대통령은 2013년 1월부터 2016년 4월 사이에 총 47건의 공무상 비밀문건을 정호성 비서관을 통하여 최순실에게 이메일 또는 人便(인편)으

로 전달하여 형법상의 공무상비밀누설죄를 범하였다는 것입니다. 형식상으로는 그럴 듯하지만 형법 제127조가 말하는 공무상 비밀은 형식상 비밀로 분류된 정보를 말하는 게 아니라 비밀로 보호할 가치가 있는 문서여야 한다는 게 判例(판례)입니다. 또한 직무상 필요에서 한정된 사람에게 문서를 전하는 것은 刑法(형법) 제20조의 업무로 인한 행위이므로 정당행위의 法理(법리)에 따라 형사처벌의 대상이 되지 아니합니다.

최순실이 공무원은 아니지만 대통령이 개인적으로 신뢰하여 의견을 듣고자 비서를 통하여 전달한 것이라면 대통령의 업무행위이므로 비밀누설죄에 擬律(의율·법원이 법규를 구체적인 사건에 적용하는 것)할 수 없습니다.

대통령은 국가 최고 통치자로서 最高度(최고도)의 재량권을 가집니다. 일반 공무원에게 적용하는 기준과 잣대를 가지고 비밀누설죄 운운하는 자체가 잘못입니다. 세계 어느 나라도 대통령에게 비밀누설죄를 적용하지 아니합니다.

13. 맺는 말

여러 번 말씀드렸습니다만 이 사건은 역사적인 사건이고 온 세계가 주시하는 사건입니다.

절대로 재판관 개인의 지식이나 견해로 재판하시면 안됩니다. 언제, 누구에게 내놓아도 부끄럽지 않고 허점이 없는 공명정대한 담론으로 결정하셔야 합니다. 법의 기본 정신으로 돌아가 국민 모두가, 아니 세계인 모두가 알아 들을 수 있고 공감할 수 있는 법의 근본원칙에 따라 재판하시어 국민 모두, 아니 세계인 모두를 승복시키는 명판결을 내리시기 바랍니다. 졸속한 국회의 이 사건 박근혜 대통령 탄핵소추를 재판관 전원 일치로 각하하여 국회에 돌려보내 주시길 바랍니다.

2017. 2. 27.

피청구인 대리인

변호사 정기승

변호사 김평우

변호사 조원룡

변론재개신청서

사 건 2016헌나1 대통령(박근혜) 탄핵
청 구 인 국회 소추위원 법제사법위원회 위원장
피청구인 대통령

> 김평우 변호사 말대로, 그때까지의 재판은 최순실 형사사건의 재판 내용과 증거를 탄핵심판에 옮겨오는데 모든 시간을 썼고, 국회의 졸속한 불법 소추 과정에 대해서는 한 번도 변론을 하지 않았으므로, 이제부터 이를 다툴 기회를 주어야 공평한 재판인데 법원은 이런 기회를 전혀 안 주고 일방적으로 국회 측에만 立證(입증) 기회를 주었다. 피청구인, 즉 朴 대통령에는 반론할 기회를 전혀 안주고 재판 중간에 종료 휘슬을 분 것이다.
> 김평우 변호사는 이에 항거하여 변론을 다시 열어 달라는 취지로, 이 변론재개신청서를 2월 27일 바로 그날 제출했다. 그러나 憲裁는 아무런 결정도 안 내린 채 무조건 깔아뭉개고 아무 답도 안했다. 憲裁는 金 변호사의 변론재개신청서에 대해 아무 회답도 안했다. 이동흡, 이중환 변호사 하고만 상대한다는 방침이었다.

위 사건에 대하여 피청구인(박근혜 대통령)의 대리인은 다음과 같이 변론재개를 신청합니다.

- 다 음 -

1. 8명 평결은 위헌입니다

지금 이 법정에 재석하여 계시는 재판관님들은 아홉 분이 아니라 여덟 분입니다. 지난 1월31일 박한철 소장이 임기만료로 퇴임하였는데 그 후임자를 대통령 권한대행이 임명하지 않았기 때문입니다. 제가 알기로는 황 대행의 후임자 임명에 동의권을 가진 국회가 황교안 대행의 임시대통령 직무권한 행사, 즉 헌재소장 후임자 임명권을 부정하고 있기 때문에 황 대행이 박한철 소장의 후임자 지명을 못하고 있는 것입니다. 그래서 헌법재판소는 정원 9명을 못 채우고 8명밖에 없는 결원재판소가 된 것입니다.

이 나라 국민은 다 알고 있습니다. 헌법재판소의 정원은 8명이 아니라 9명입니다. 헌법의 정신은 아홉 분 중에서 여섯 분이 찬성하여야 탄핵이 인용되는 것이지 여덟 분중에서 여섯 분이 찬성한다고 탄핵이 인용되는 것이 아닙니다.

왜냐하면 헌법재판소의 정원 아홉은 우연히 나온 수가 아니라 국회, 행정부, 법원이라는 이 나라 최고 권력기관 세 개가 똑같이 3인의 同數(동수)로 재판관을 뽑아 서로 균형을 갖고 견제하고 분립한다는 이 나라 헌법의 최고권력 구조 원리인 3권분립의 원칙을 구현하고 있는 특별한 숫자이기 때문입니다.

그렇기 때문에 이 아홉 명의 재판관이라는 판결정원 숫자를 무시하고 임의로 여덟 또는 일곱 명의 재판관이 이 사건 대통령 탄핵이라는 국가의 명운을 좌우하는 역사적, 국가적 사건을 처리하는 것은 그 평결 자체가 헌법상의 헌법재판 판결 요건을 갖추지 못하여 위헌적인 판결이 되는 것입니다.

이는 이미 2012헌마2 사건에서 국회 지명의 재판관 1인이 결원된 상태에서는 헌재가 평결을 내리는 것이 법률에 의한 재판을 받을 헌법상의 권리를 침해하는 것이라고 바로 이 사건의 이정미, 김이수, 이진성 세 분의 재판관과 얼마 전에 퇴임하신 박한철 소장님이 특히 강조하여 밝히신 판결 의견입니다.

이 사건은 국회와 대통령간의 권력싸움이라는 정치적 면이 매우 강합니다. 대통령을 국회가 탄핵하는 사건에서 피청구인 측, 즉 대통령의 법적 지위와 그 직무의 특수성을 누구보다 잘 이해하고 반영할 수 있는 대통령 지명 헌법재판관이 1명 즉 9분의 1, 11%가 빠져있다는 것은 결코 그냥 넘어갈 수 있는 일이 아닙니다. 헌법상 치유될 수 없는 중대한 하자입니다.

국회도 8인 또는 7인 헌재의 위헌성을 인식하고, 2016. 12.21. 의안 제4543호로 '임기가 만료되거나 정년이 도래한 재판관은 그 후임자가 임명될 때까지 계속하여 직무를 수행한다'는 임기연장 조항을 헌법재판소법 제7조 제3항으로 신설하기로 하였고, 이에 대하여 헌재의 의견도 들었던 것으로 알고 있습니다(헌재 홈페이지 회신 참조).

결국 박한철 전 소장과 이정미 재판관의 임기를 법률로 연장하여 그 두 분의 참여하에 대통령 탄핵사건이 심판되도록 기획하였고 박한철 전 소장은 2017. 1.25. 재판에서 2017. 3.13. 이전 선고를 천명하고, 이정미 소장대행은 국회가 기획한 대로 2017. 3.13. 이전 평결을 서두르고 있습니다.

국회와 헌재 박한철 전 소장, 이정미 소장대행 사이에 무슨 일이 있었을까요? 무슨 일이 있기에 이렇게 2017. 3.13.을 평결의 기준일로 삼았을까요? 이정미 소장대행이 해명 없이 행여 〈탄핵인용〉 평결의견을 제시한 것이 후일 밝혀진다면 이는 형사소추의 대상이 되고 헌재에서 인용판결이 선고된다면 이는 재심 사유가 된다고 할 것입니다.

2. 졸속한 국회의 탄핵소추를 막을 최종책임은 헌법재판소에 있습니다

다른 나라에서는 백 년에 한 번 있을까 말까 한 국회의 대통령 탄핵 사건, 즉 탄핵이라는 이름의 정치·사법 정변이 유독 이 대한민국 땅에서만 12년 동안에 두 번씩이나 일어나는 이 망국적인 슬픈 현상의 일차적인 책임은 물론 탄핵소추권을 가진 이 나라 국회가 탄핵을 헌법의 정신 그대로 대통령에 의하여 훼손된 법치주의를 회복하겠다는 순수한 애국적·법치적 목적에서가 아니라 이를 자신들의 사전선거운동을 통한 변칙적인 조기 정권쟁탈의 기회로 이용하려는 못된 사색당쟁의 망국적인 당파 정치인들에게 있습니다.

그리고 더 나아가 정치적으로 중립하여 공정하게 시시비비를 가려 일반 국민들을 바른 길, 옳은 방향으로 인도하여야 할 막중한 사회적·법적 책임을 지고 있는 이 나라 언론과 검찰, 법원, 학자, 변호사 등 소위 지도층이란 사람들이 국회가 단 며칠 만에 후다닥 졸속으로 대통령 탄핵이라는 국가의 명운을 좌우하는 역사적, 국가적 大事(대사)를 마치 번갯불에 콩 볶아 먹듯이 졸속으로 해치울 때에는 필시 어떤 숨은 정치적 이유, 목적이 있지 않나 의심하여 자세히 탄핵소추의 사유가 무엇인지 알아보고 어떻게든 탄핵소추장이라도 한 부 구해

차분하게 한 번 비판적인 눈으로 읽어보고 과연 그 내용이 사리와 증거에 의하여 입증되는 객관적 사실인가, 또 외국에 이런 사례가 있나, 하다못해 '위키피디아'에라도 한 번 들어가 검색해 보았어야 할 것인데 (그랬더라면 이 사건 국회 탄핵소추가 얼마나 졸속이고 그 사유가 황당한 것인지 금방 알 것이고 적어도 의심은 하였을 터인데) 불행히도 이 나라 지도층 그 어느 누구도 동서고금에 유례가 없는 졸속한 탄핵소추 의결을 냉정하게 비판적인 눈으로 검토하는 차가운 지성을 발휘하지 않고 오히려 촛불집회 군중들의 '촛불이 민심이다'라는 뜨거운 정치적 슬로건에 휩쓸려 그 뒤를 묵묵히 따라가거나 또는 앞장서서 달려감으로써 저들의 지도층 책임(noblesse oblige)을 완전히 저버렸기 때문입니다.

그 바람에 '촛불이 민심이고 여기에 거슬리면 모두 반역자'가 되는 무서운, 광적인 군중심리가 마치 쓰나미처럼 석 달여간 이 나라를 휩쓸어 마침내 여성 박근혜 대통령의 나체사진이 신성한 국회의사당 안에서 국회의원에 의하여 전시되고, 대통령의 목이 단두대에서 잘려 피가 쏟아지는 끔찍한 장면이 예술의 이름으로 광화문 네거리에서 펼쳐지고, 대통령의 얼굴을 공으로 만들어 어린아이들이 광장에서 공놀이를 하는 이런 세기 말의 아포칼립스(Apocalypse)가 21세기 선진민주국가라고 자처하는 이 대한민국의 수도 서울 광화문광장에서 세종대왕님과 이순신 장군님의 동상 아래에서 펼쳐지고 있습니다.

그러나 저 같은 평생 법조인의 눈에서 본다면, 이같은 세계 역사에 유례가 없는 이 졸속한 대통령 탄핵이 아무런 토의나 진지한 반대의사 발언도 없이, 정원 300명의 3분의 2를 훌쩍 넘는 압도적 다수의 의원들에 의하여 국회에서 단 하루 만에 통과되고, 더 나아가 이것이 또 아무런 비판이나 저지도 없이 거침없이 언론에서 법률상 아무런 잘못도 없는 완벽하게 적법한 탄핵인 양 보도되고, 여기에 비판을 하거나 의심을 갖는 저같은 변호사는 '막말 변호사', '노망한 늙은이'로 매도되는 이 기이한 현상의 책임은 궁극적으로는 바로 이 헌법재판소에 있습니다. 바로 이 법대에 높이 앉아계시는 헌법재판관 여러분들에게 있습니다. 왜냐고요?

생각해 보십시오. 우리 헌법은 탄핵심판이 헌법과 법률에 맞는지 아닌지 판단하여 공식적으로 확인, 선언할 법적권리, 권한을 누구에게 주었습니까? 바로 여러분 헌법재판소 재판관입니다. 탄핵심판 사건의 전속적 관할권을 가진 헌법재판소 재판관들입니다.

그런데 이 헌법재판소 재판관들이 국회가 아무리 졸속으로 헌법과 법률에 위반하여 대통령을 탄핵소추하더라도 소추장 내용의 當否(당부)를 다투는 것은 몰라도 그 소추의 목적, 방법, 절차를 다툴 수 없다는 아무 헌법상 근거 없는 의견을 이유로 내세워 피청구인 측, 즉 대통령 변호인들이 신청하는 모든 증거 제출을 소송지연이라는 일방적인 이유로 불허하고 심리를 종결하기 때문입니다. 이렇게 헌법재판소가 국회 탄핵소추에 대하여 어떤 위헌, 위법을 저질러도 대통령은 물론 누구도 다툴 수 없다고 절대적, 포괄적, 절차적 면죄부를 국회에 주기 때문에 이 나라에서는 어느 누구도 국회의 위헌적인 졸속한 대통령 소추를 다툴 수 없고, 더 나아가 국회의 졸속한 법률안 처리, 의안처리도 다툴 수 없게 된 것입니다.

국가의 원수인 대통령은 아무리 작은 직무라도 그 직무수행의 목적과 방법, 절차를 10분 단위로 쪼개서 국회와 헌법재판소 재판관에게 보고할 책임이 있다고 주장합니다. 반면에 300명의 국회의원들은 아무리 엉터리, 황당한 속임수로 국가원수를 탄핵해도 우리 국민들은 누구도 재판상 다툴 수 없다니 이것이 어떻게 우리나라의 주권재민 원칙과 법치주의, 삼권분립, 적법절차, 공평하고 정당한 재판을 받을 헌법상의 권리에 부합할 수 있다는 말입니까?

저와 조원룡 변호사 등 몇몇 변호인들은 이 세계 어느 변호사도 승복할 수 없는 이런 독선적이고 편파적인 재판진행에 승복할 수 없어 기피신청을 냈습니다. 그런데 이 기피신청 역시 3일 안에 기피이유서를 낼 수 있다는 엄연한 명문법 규정에도 불구하고, 단 10분 만에 각하되어 기피신청 이유를 밝힐 기회조차 주어지지 않았습니다.

3. 최순실 사건의 진실이 드러나기 시작하는 시점에서 심리종결하는 것은 헌재가 자멸하는 길입니다

盧 대통령 탄핵은 2004년 초 기자회견에서 자신의 열린우리당을 지지해 달라고 호소한 발언이 공무원의 선거중립 의무에 위반된다는 것이

요지입니다. 선거관리위원회의 경고를 받았음에도 불구하고 수차례의 발언이 대통령으로서 헌법을 위반한 행위라는 것입니다.

총선거를 둘러싼 국회와 대통령의 힘겨루기가 첨예해지면서 盧 대통령의 특유한, 자극적인 말버릇이 도화선이 되어 탄핵으로 정치싸움이 번진 것입니다.

반면 朴 대통령 탄핵은 뇌물죄, 직권남용죄, 강요죄 등의 파렴치한 경제사범 죄명과 언론의 자유 침해, 생명권 존중위반 등 입증하기 어려운 추상적인 여러 가지 사유입니다.

朴 대통령이 어떤 경제적 이득을 본 것도 아닌데, 이득을 본 것으로 사실을 擬制(의제)하여 파렴치한 경제사범 내지 잡범으로 고발한 것은 다분히 朴 대통령의 인격을 깨서 부수려는 감정적인 정치보복의 냄새가 납니다. 2년 전 세월호 사건 때의 행방을 가지고 탄핵하는 것도 역시 감정적인 정치보복의 냄새를 짙게 풍깁니다.

朴 대통령은 단임제 대통령이라 1년 뒤면 정계에서 완전히 은퇴하는데 왜 이렇게 감정적, 보복적인 탄핵을 하느냐라는 의문이 드는 것입니다. 시점도 그렇습니다. 야당이 8개월 전에 치러진 4월 총선에서 국회 의석의 57%를 차지하여 기세가 한껏 오른 데에다(야당이 과반수 의석을 차지한 것은 12년 만이다) 최순실 사건으로 朴 대통령의 인기가 바닥으로 떨어지자 이 기회에 대통령을 하야시켜 조기 大選을 치르고자 하였으나, 朴 대통령이 이를 거부하여 뜻을 못 이루니까 그 보복으로 탄핵을 택했습니다. 막상 탄핵사유가 마땅치 않자 검찰은, 법

이론에도 없는 '경제적 공동체'라는 개념을 억지로 도입하여 최순실의 비리를 연결고리로 대통령을 공범으로 엮고, 2년 전 세월호 사건을 끄집어내는 등 무리한 수사를 했다는 비판을 피하기 어렵게 되었습니다.

앞서 보듯이 盧 대통령 탄핵은 고발사유가 모두 대통령의 공개발언을 문제삼은 것이므로 본인도 다투지 않아 증거조사가 간단했습니다. 위법성도 명백했습니다(선거관리위원회의 경고가 있었습니다). 따라서 憲裁(헌재)의 재판은 공판 7회로 두 달 만에 판결이 났습니다. 판결도, 盧 대통령의 발언이 임기 전에 파면할 만큼 중대한 위법이냐 아니냐로 모아져 비교적 간단했습니다. 그렇기에 변론이 7차에 불과했지만, 쌍방간에 재판절차 진행에서 변론을 충분히 못했다는 불평이나 불만은 전혀 없었습니다.

반면 이 사건 박 대통령의 탄핵은 우선 탄핵사유가 열세 가지나 됩니다. 盧 대통령 때와 달리 뇌물죄, 강요죄 등의 파렴치한 경제범으로서 사건의 판단을 위해서는 최순실 사건의 증거, 주장 및 결론이 대단히 중요합니다. 그래서 지난 두 달간 헌재는 최순실 사건의 증거자료와 증인을 이 사건에 옮기는 데 대부분의 시간을 썼습니다.

그런데 최순실 사건에는 고영태의 태블릿과 진술 등 진위가 매우 의심스러운 엉터리 증거가 다수 섞여 있습니다. 이제 비로소 진상이 조금씩 드러나고 있습니다. 그 내용을 구체적으로 살펴보면, 고영태 일당이 최순실과 피청구인의 친분관계를 알고 이를 이용하여 사적인 이익을 취하려다 실패하자 박영선 의원, 손혜원 의원 등 야당 의원들이 고영태, 노승일 등과 합세하여 국회청문회를 통하여 마치 대통령에게 무슨 잘못이 있는 양 몰아갔습니다. 특히 고영태 일당들이 검찰조직에 심자고 모의했던 검사인 최재순은 노승일이 독일에 있던 최서원(최순실)과 통화를 하게 하여 확보한 자료를 박영선 의원에게 제보한 후 그 공로로 박영수 특검에 파견된 것입니다. 이는 결코 우연의 일치가 아니라 이 사건이 고영태 일당의 모의에 언론, 검찰, 국회가 합세하였거나 적어도 놀아난 것임을 명백히 보여주는 것입니다. 그런데 헌재가 탄핵소추 사유를 무너뜨릴 수도 있는 핵심증인 고영태에 대한 증인채택 결정을 불출석을 이유로 취소함은 중대한 위법입니다.

또한 박영수 특검에 대해서도 그 조사방법이 너무나 거칠어 인권이 유린되었다는 비판이 높습니다. 그런데 그 특검이 2월28일이면 기간만료로 종료될 예정입니다. 인권유린을 통해 얻은 증거는 증거가 될 수도 없고, 그 특검 검사는 인권유린에 대한 민·형사법의 책임을 져야 한다고 할 것입니다.

그런데 헌법재판소는 두 사건의 이러한 본질적 차이를 무시하고 노무현 대통령 사건 때와 마찬가지로 한 주일에 두 번씩 재판기일을 열고 두어 달 만에 심리를 마쳐 졸속으로 재판한 것입니다. 최순실 비리를 기본으로 한 이 사건 탄핵은 최순실 비리의 진실이 비로소 실체가 드러나려 하는 이 시점에서 변론을 종결하여 결정을 내리는 것은 대단히 위험한 일입니다. 어떤 결정이 나도 절차의 졸속이란 비판을 면할 수 없습니다. 이처럼 중차대한 이 사건 탄핵심판에서 부디 이런 의혹을 스스로 남기지 마시기 바랍니다.

헌재 재판관님 여러분, 다시 한 번 여러분께 호소합니다. 제발 정치에 휘말리지 마시고 헌법에 따라 이 사건 국회 탄핵이 위법한 목적과 수단, 방법에 의하여 결의된, 잘못된 소추임을 재판과정에서 밝힐 수 있는 변론, 증거조사, 증거제출의 기회를 주십시오. 평생 법조인의 길을 걸었고 헌재를 사랑하고 아끼는 한 법조인의 간곡한 호소를 다시 한 번 깊이 생각해 주십시오. 사랑합니다. 여러분께 神의 가호를 빕니다.

2017. 2. 27.

변호사 정기승

변호사 김평우

변호사 조원룡

'제2의 자유·민주·법치 대한민국 建國'을 선언한다!

이 오만한 법관들에게 "무조건 승복합니다. 당신이 법이니까 무고한 대통령이지만 검찰이 잡아서 교도소에 보내도록 가만히 보고만 있겠습니다"고 말해야 법을 지키는 선량한 국민입니까?

> 태극기 집회 역사상 최대 인파가 모인 3·1절 탄기국 집회의 연설이다. 제2의 건국을 선언하여 대한민국 역사에 분기점을 찍은 연설로 평가된다.

1. 사랑하는 법치 애국 시민 여러분!

저는 조갑제닷컴의 《탄핵을 탄핵한다》 책을 쓴, 박근혜 대통령님의 변호인 김평우 변호사 입니다. 지난 2. 22. 그리고 2. 27. 두 번 헌법재판소 법정에 나가 대통령님은 무죄이므로 억울한 유폐 생활에서 즉시 풀려나야 한다고 역설하였습니다.

두 차례 변론에서, 저는 국회의 이번 탄핵소추가 세계 역사와 동서고금에 그 유례가 없는 졸속 사기의 탄핵소추로서, 말이 탄핵이지 실제는 우리 국민들이 4년 전에 직접, 평등, 비밀, 보통 선거로 적법하게 선출한 박근혜 대통령님을 잔여 임기 1년 전에 쫓아내고, 조기, 변칙 선거를 치러 이 나라 역사에 처음으로 완벽한 左派·從北(좌파·종북) 정부를 세우려는 세력들의 국정농단의 반역행위였음을 의문이나 반박의 여지가 없도록 증거와 논리로 수학처럼 깨끗하게 증명하였습니다. 그러기에 지금까지 제 변론이 틀렸다는 어떤 논리적 反論(반론)도 나오지 않고 있습니다.

할 말이 없으니까, 저들은 90분에 걸친 제 말의 모든 내용은 다 덮어놓고, 몇 마디 말꼬투리를 잡아 저를 난동을 선동하며 법원을 위협하는 늙고, 당뇨병에 걸린, '막말 변호사'라고 매도합니다. 여러분, 늙고 병드는 게 무슨 죄인가요? 하느님이 인간을 그렇게 만드시지 않았습니까? 촛불집회 사람들은 늙지도, 아프지도 않을 건가요?

헌법재판소 재판관들은, 헌법이 정한 헌법재판 정원 9명 법관도 안 채우고, 법정 재판기간 180일의 반도 안 지났는데, 3월13일까지 무조건 끝내야 한다고, 대통령에게 국회의 졸속한 탄핵소추를 입증할 기회도 주지 않은 채 막무가내로 審理(심리)를 종결했습니다. 주권자인 우리 국민이 이 오만한 법관들에게 "무조건 승복합니다. 당신이 법이니까 무고한 대통령이지만 검찰이 잡아서 교도소에 보내도록 가만히 보고만 있겠습니다"고 말해야 법을 지키는 선량한 국민이란 말입니까?

저는 아니라고 생각합니다. 그런 국민은 자유·민주·법치의 대한민국 시민이 아니라, 조선시대 양반들에게 굽실거려야 생명을 보존했던 불쌍

태극기 집회에서 연설 중인 著者(2017년 3월1일, 서울 청계광장) / ⓒ 유우상

한 良民(양민)이거나, 아니면 세계 최악의 독재 공산국가 북한의 불쌍한 우리 형제 북한 인민들과 같습니다. 아마도, 촛불세력은 저희 같은 힘없는 대한민국의 법치애국 시민을 조선시대의 상민이나 북한의 노예로 착각한 것 같습니다.

2. 여러분, 촛불의 숨은 주도자가 누구라고 보세요?

밝은 대낮에는 캄캄한 방 안에서 음모를 꾸미다가, 어둠이 내리면 복면을 쓰고, 촛불·횃불을 들고 나타나 붉은旗(기)를 흔들며 박근혜 대통령과 대한민국을 저주하는 어둠의 자식들입니다. 저들은 단 한 사람도 대한민국의 國旗(국기) 태극기를 흔들지 않습니다. 오직, 붉은旗만 흔듭

태극기 집회에 운집한 시민들(2017년 3월1일, 서울 세종로) / ⓒ 유우상

니다. 여러분 저들이 태극기를 흔드는 걸 보신 적 있습니까? 이래도 저들이 대한민국의 국민 맞습니까? 저들은 투표할 때만 대한민국 국민입니다. 저들은 선거에서 자기네가 이겼을 때만 대한민국 국민입니다. 저들은 대한민국 예산 따먹을 때에만 대한민국 국민입니다. 저들은 해외여행 갈 때, 대한민국 여권을 내놓을 때만 대한민국 국민입니다.

나라가 어려울 때, 자기들이 선거에서 졌을 때, 대한민국 역사를 가르칠 때, 북한이 핵무기로 우리를 협박할 때, 우리의 友邦(우방) 미국과 일본이 우리에게 협력을 구할 때 저들은 붉은 어둠의 자식들로 돌아가 대한민국 정부에 決死抗戰(결사항전)합니다.

저들은 대한민국 법을 지키지 않습니다. 허위의 광우병 亂動(난동)으로 석 달간 나라를 뒤흔들어 놓고도 사과는커녕 회심의 미소를 짓습니다. 이 나라 경찰과 군인이 나라 지키다 목숨을 잃을 때 받는 돈의 몇 배를 세월호 사고 학생들에게 주고도 모자라 끝내 박근혜 대통령님의 목숨까지 내놓으라고 소리치는 사람들입니다.

3. 법치와 애국시민 여러분!

저들은 국민이 뽑은 박근혜 대통령님을 대통령으로 인정하지 않습니다. 저들은 우리 태극기 애국시민들을 같은 나라의 국민으로 생각하지 않습니다. 언론은 우리의 말과 글을 실어 주지 않습니다. 우리가 아무리 몇 십만, 몇 백만이 모여 "아! 대한민국"을 외쳐도 저들은 귀를 막고 우리를 사람의 숫자로 세어 주지 않습니다. 촛불만 民心이라며 촛불의 말과 글만 실어 줍니다. 국회는 촛불만 민심이라며 저들의 말만 듣습니다. 검찰은 촛불이 아니라고 아무 죄도 없는 애국 기업가 이재용 삼성전자 부회장을 붙잡아 감옥에 넣고 허위자백을 강요합니다. 우리에게는 우리를 대변해 줄 언론도 없고, 우리의 재산을 지켜 줄 국회도 없고, 우리의 생명과 신체의 자유를 지켜 줄 검찰도 없고, 우리의 주장과 증거를 받아 줄 법원도 없습니다. 이제 우리는 나라 잃은 백성입니다.

4. 여러분, 오늘은 3·1절입니다.

98년 전 오늘 우리 선조들은 우리를 2등 국민 '조센징'으로 경멸하며 모욕하던 오만한 일제에 대항하여 우리도 떳떳한 독립국가의 시민이 될 자격이 있음을 선언하고, 그 뜻으로 태극기를 흔들며 독립 만세를 불렀습니다. 우리도 그 선조들의 독립정신을 이어 받아 태극기를 흔들며 선언합시다.

  1) 우리는 촛불 국회, 촛불 언론, 촛불 검찰, 촛불 법관의 지배를 받는 2등 국민이 아니다.

  2) 우리는 1948년 우리 민족의 선각자, 위대한 개혁가 建國 대통령 이승만 박사께서 세우신 자유, 민주, 법치의 자랑스러운 애국시민 대한민국 국민임을 세계 만방에 선언한다.

  3) 붉은 어둠의 자식들, 그리고 그들에게 동조하는 언론, 국회, 검찰, 법관들은 선택하라! 우리와 함께 태극기를 들고 어둠에서 나오든가 아니면 붉은 촛불을 들고 너희들의 정신적 고향 북한으로 돌아가든가. 저들은 이제 선택해야 합니다. 더 이상 박쥐로 남아 있을 수 없습니다. 이제 우리 국민들은 저들의 정체를 똑바로 알았기 때문입니다.

5. 사랑하는 법치 애국시민 여러분,

  박근혜 대통령님이 幽閉(유폐) 생활에서 벗어나 우리들 곁으로 돌아오시는 그 날까지, 아니 더 나아가 이 광장에 이승만 건국 대통령과 박정희 애국 대통령의 동상이 세워지고 그 앞에 애국 시민들의 獻花(헌화)가 매일, 매시간 바쳐지는 그 날이 올 때까지, 우리 법치 애국 시민들의 태극기 집회는 계속되어야 합니다.

 "아, 나의 사랑하는 조국, 대한민국 영원하리라! 여러분, 사랑합니다. 존경합니다."

2017. 3. 1.
김평우

세계적으로도 유례가 없는 헌재의 불공정한 탄핵재판 진행

8명 평결은 명백한 위헌이다. 헌법재판소는 변론을 재개하여 대통령에게 반론할 기회를 주어야 한다

헌법재판소의 8명 평결의 문제점 등 憲裁의 불공정한 재판 절차를 신랄하게 비판, 憲裁가 올바른 탄핵 심판에 나서줄 것을 신문 紙面 광고를 통해 지적했다.

1. 8명 평결은 위헌입니다.

헌법재판소의 정원 9명은 국회, 행정부, 법원이라는 최고권력기관 세 개가 똑같이 3인의 同數(동수)로 재판관을 뽑아서 서로 균형을 갖고 견제하고 분립한다는 3권분립의 원칙을 구현하고 있는 특별한 의미가 있습니다. 따라서 9명이 아닌 8명의 재판관이 국가의 명운을 좌우하는 이 사건 대통령 탄핵사건을 결정하는 것은 그 평결자체가 헌법상의 재판소 구성요건을 갖추지 못한 위헌적 판결이 되는 것입니다.

이 사건의 이정미, 김이수, 이진성 세 분의 재판관과 얼마 전에 퇴임하신 박한철 소장님은 2012헌마2 사건에서, "국회지명의 재판관 1인이 결원된 상태에서는 헌재가 평결을 내리는 것이 법률에 의한 재판을 받을 헌법상의권 리를 침해하는 것"이라고 판결하신 바 있습니다.

재판소구성의 정원조항은 마치 대통령의 임기조항과 마찬가지로 결코 예외를 두어서는 안되는 헌법조항입니다. 그것은 내용이 숫자로 되어있어 위반이 객관적으로 자명하게 입증되어 어떠한 이유로도 합리화가 안되기 때문입니다.

2. 졸속한 국회의 탄핵소추를 막을 최종책임은 헌법재판소에 있습니다.

다른 나라에서는 백년에 한 번 있을까 말까한 국회의 대통령 탄핵사건이 유독 이 대한민국 땅에서만 12년 동안에 두 번씩이나 일어났습니다. 이 망국적인 현상의 일차적인 책임은 물론 이 나라 국회가 순수한 법치적 목적에서가 아니라 이를 자신들의 사전선거운동을 통한 변칙적인 조기정권쟁탈의 기회로 이용하려는 못된 四色黨爭(사색당쟁)을 벌이는 데 있습니다.

그러나 최종적, 궁극적으로는 탄핵심판사건의 전속적 관할권을 가진 헌법재판소 재판관들에게 그 책임이 있습니다. 설사 국회가 졸속으로 헌법과 법률에 위반하여 대통령을 탄핵소추하더라도 그 소추의 목적,

집회에 참가한 시민들과 함께 태극기를 흔드는 著者(오른쪽에서 세 번째) / ⓒ 유우상

방법, 절차가 헌법상 위배되는지 살펴 과감하게 위헌적인 졸속, 탄핵소추를 각하한다면 어떻게 국회가 위헌적인 졸속 탄핵소추를 밥 먹듯이 할 수 있겠습니까?

3. '불항쟁합의'는 없었습니다.

헌법재판소는 피청구인 측, 즉 대통령변호인들이 국회의 졸속한 탄핵소추를 다투는 모든 주장과 증거제출을 기각하면서, 그 이유를 1) 의결의 절차와 방법은 의회자율권에 속한다 2) 법무부에서 국회의 의결절차에 아무 하자가 없다고 유권해석하였다 3) 대통령변호인단 대표 변호사(이중환 변호사)와 사이에서 재판쟁점에서 제외하기로 합의하였다 4) 대통령변호인단 대표(이동흡 변호사)도 쟁점정리 속에 절차 불항쟁합의도 포함된다고 확인하였다 등의 구차한 이유들을 들고 있습니다.

그러나 헌법에 위반되는 사항을 어떻게 국회가 멋대로 정할 수 있으며, 법무부가 어떻게 헌법의 최종 유권해석기관입니까? 또한 재산권분쟁도 아닌 헌법사건에서 어떻게 당사자 처분권주의가 적용되며, 피탄핵 당사자인 박근혜 대통령의 서면승인도 없는 재판포기를 어떻게 변호인단의 연락책임자에 불과한 이중환, 이동흡 변호사와 사적인 합의로 결정할 수 있습니까?

4. 단 10분 만에 각하한 기피신청

더 나아가 피신청인 대리인들이 법원의 전혀 법리에 맞지 않는 무더기 증거신청기각에 항의하여 강일원 주심재판관에 대하여 기피신청을 내자, 헌재는 3일간의 법정이유서 및 자료제출기한도 주지 않고 단 10분 만에 재판절차를 지연시킬 목적의 기피신청이 분명하다며 기피신청을 각하하였습니다.

5. 편파적인 변론권 제한

이렇게 헌법재판소가 국회 탄핵소추에 대하여 어떤 위헌, 위법을 저질러도 대통령은 물론 누구도 다툴 수 없다고 절대적, 포괄적, 절차적 면죄부를 국회에 주기 때문에 이 나라에서는 어느 누구도 국회의 위헌적인 졸속한 대통령 탄핵소추를 다툴 수 없고, 더 나아가 국회의 졸속한 법률안처리, 의안처리도 다툴 수 없게 된 것입니다.

국가의 원수인 대통령은 아무리 작은 직무라도 그 직무수행의 목적과 방법, 절차를 지키지 않으면 탄핵사유가 된다고 하면서, 국회의원들은 아무리 엉터리, 황당한, 속임수로 국가원수를 탄핵해도 우리 국민들은 누구도 재판상 다툴 수 없다니 이것이 어떻게 우리나라의 주권재민 원칙과 법치주의, 삼권분립, 적법절차, 공평하고 정당한 재판을 받을 헌법상의 권리에 부합하는 재판입니까? 이는 세계역사에 그 유례가 없는 편파적인 재판진행이고 대통령의 변론권 제한입니다.

6. 최순실 사건의 진실이 드러나기 시작하는 시점에서 심리종결하는 것은 헌재가 자멸하는 길입니다.

이 사건 박 대통령의 탄핵은 우선 탄핵사유가 13가지나 됩니다. 盧 대통령 때와 달리 뇌물죄, 강요죄 등의 파렴치한 경제범으로서 사건의 판단을 위해서는 최순실 사건의 증거, 주장, 및 결론이 대단히 중요합니다. 그래서 지난 두 달간 헌재는 최순실 사건의 증거자료와 증인을 이 사건에 옮기는 데 대부분의 시간을 썼습니다.

그런데 최순실 사건에는 고영태의 태블릿과 진술 등 진위가 매우 의심스러운 엉터리 증거가 다수 섞여 있습니다. 이제 비로소 진상이 조금씩 드러나고 있습니다. 최순실 비리를 기본으로 한 이 사건 탄핵은 최순실 비리의 진실이 비로소 실체가 드러나려 하는 이 시점에서 변론을 종결하여 결정을 내리는 것은 대단히 위험한 일입니다. 어떤 결정이 나도 절차의 졸속이란 비판을 면할 수 없습니다. 이처럼 중차대한 이 사건 탄핵심판에서 부디 이런 의혹을 스스로 남기지 마시기 바랍니다.

2017. 3. 4.

법치와 애국모임

(조선일보, 한국경제신문 3월4일字에 게재된 광고)

朴 대통령 탄핵소추는 기각이 아니라 却下(각하)되어야 한다

이번 탄핵소추는 헌법 제65조에 근거해 의결한 것이 아닌, 헌법에도 없는 '대통령 불신임'을 결의한 것에 불과하다.

> 김평우 변호사는 헌법재판소가 탄핵 사유의 當否를 논하기 전에 탄핵소추 요건을 못 갖춘 것이므로 각하가 마땅하다고 강조했다. 탄핵棄却(기각)이 아닌 却下(각하)를 강조, 탄핵정국의 새로운 轉機(전기)를 만들었다는 평가를 받았다.

1. 대한민국 국회의 이번 12. 9. 탄핵소추는 이름은 탄핵소추지만 실질은 헌법에도 없는 '불신임 결의'이다. 우선 의결 방법이 개별 탄핵사유 13개에 대한 찬반 투표가 아니라 탄핵사유 전체를 참조한 대통령 탄핵 찬성, 반대를 투표한 일괄 투표 방식을 취하였다. 이러한 찬반 일괄투표는 구체적인 탄핵사유의 특정을 요구하는 헌법 제65조의 '탄핵'에는 맞지 않는 투표방법이다. 罪名(죄명)을 法典(법전)에 없는 '뇌물죄+직권남용죄+강요죄'로 묶은 섞어찌개 범죄로 한 것 역시 헌법위반이나 법률위

반을 요건으로 하고 있는 헌법 제65조의 탄핵에는 맞지 않는다. 탄핵사유의 범죄사실에 대해 아무런 증거조사 없이 소추한 것 역시, 탄핵인용 판결을 받기에 충분한 적법증거의 확보 후에 소추할 것이 요구되는 탄핵소추에는 맞지 않는다. 더 나아가 세월호 사고 같은 해난사고에 대해 대통령에게 법적책임이 아니라 정치적 책임을 묻는 것 역시, 소위 '국민이 대통령의 국정수행 능력에 대한 신뢰를 거두었음'을 탄핵의 최종 근거로 주장하는 등 객관적 사정에 비쳐볼 때, 구체적인 탄핵사유를 탄핵의 요건으로 하는 헌법 제65조에 근거해 의결한 것이 아닌 헌법에도 없는 '대통령 불신임'을 결의한 것이라고 볼 수밖에 없다. 그렇다면 이 사건 탄핵소추는 헌법재판소가 심판할 탄핵소추에 해당하지 아니하므로 탄핵사유의 當否(당부)를 논하기 전에 탄핵소추의 요건을 못 갖춘 부적법한 탄핵소추로서 却下(각하)되어야 마땅하다. 각하로 끝낼 사건을 기각으로 끝내는 것은 법리에 반한다(각하는 과반수 의원의 찬성으로 성립 되는 반면, 탄핵인용은 6인으로 성립되므로 兩者는 전혀 그 성격이 따르다). 만일 4:4, 3:5, 5:3 등의 분열된 재판관 숫자로 탄핵을 결정할 경우 國論(국론)이 분열되어 나라가 걷잡을 수 없는 혼란에 빠질 우려가 크므로 어떠한 경우에도 각하로 결정을 내려야 한다고 믿는다.

2. 헌법 제111조는 대통령, 국회, 대법원 세 개의 권력기관(행정부, 입법부, 사법부)의 각기 동일한 3인 지명 도합 9인의 헌법 재판관으로 구성된 9인 재판관이 대통령 탄핵사건 등 헌법재판소 사건을 심판[평결]하

는 제도이므로 9인의 재판관에서 대통령 지명 3인 중 1인이 부족한 8인만으로 평결하는 것은, 헌법에 위반된 재판소 구성이므로 설사 결정을 해도 무효를 면할 수 없다(심리는 평결과 달리 7인으로 족하다고 헌법재판소법 제23조 1항에 규정되어 있다). 따라서 우리는, 헌법재판소가 현재의 8인 구성으로 대통령 탄핵심판이라는 국가적·역사적 사건에 대해 평결하는 것은, 憲裁 스스로 나쁜 先例(선례)를 만드는 것이라고 크게 우려하는 바이다.

2017. 3. 6.

김평우

국회의원 234명은 헌법에도 없는 '대통령 불신임'을 의결하여 朴 대통령을 청와대에 유폐시켰다!

국회가 대통령을 불신임할 수 있는 권한이 없기 때문에 설사 그 불신임안을 234명이 아니라 국회의원 300명 전원이 찬성했더라도 이는 법률상 무효의 의결입니다.

이날 지면 광고에서 김평우 변호사는 국회가 탄핵소추를 의결한 것이 아니라 헌법에 없는 '대통령 불신임안'을 의결했다고 비판했다. 金 변호사는 이러한 국회의 탄핵소추 의결이 무효임을 강조, 憲裁가 金 변호사 본인의 '탄핵 각하' 변론을 들어줄 의무가 있다고 역설했다.

1. 어느 원로 법조인의 법률의견

"여러 가지 탄핵사유를 묶어서 한 개의 탄핵사유로 일괄 표결한 것이라면 법원은 그 사유 중 가장 가벼운 것부터 심리하여 만일에 그 가벼운 것이 중대한 법령위반이 아니라서 대통령직을 해임하기에 충분하지 않다고 판단한다면 나머지 다른 탄핵사유들에 대하여는 살펴볼 필요도 없이 이 사건 탄핵소추는 기각되어야 한다."

이것은 오늘 한 변호사님이 헌재에 제출하여 달라고 정기승 前 대법관님께 요청하시어 제가 헌법재판소에 제출한 법률의견입니다. 이 변호사님은 지난 40년간의 저의 판사, 변호사 시절에 제가 본 법관 중 가장 법리가 간단명료하시면서도 올바르셨던 분입니다. 전직 대법관을 지낸 그 분의 법률의견입니다.

저는 이 분의 의견에 전적으로 동감입니다. 일괄 표결하였으니까 일괄 판결해야죠. 한 개의 議案(의안)이니까 한 개로 판결해야죠. 의결은 한 개인데 판결이 13가지라면 不告不理(불고불리)의 소송법 대원칙에 맞지 않지요.

2. 국회는 탄핵소추를 의결한 것이 아니라 헌법에도 없는 대통령 불신임안을 의결한 것이다

제가 보기에 지난 2016년 12월9일 국회가 한 탄핵소추 의결은 구체적인 탄핵사유에 대한 의결이 아니라 13개 탄핵사유를 참작, 고려한 탄핵 찬성 의결입니다. 이와 같이 구체적인 탄핵 사유가 없는 탄핵소추는 헌법 제65조에서 말하는 탄핵소추 의결이 아니라 憲法典(헌법전)에는 없는 '대통령 불신임 결의안'입니다. 議案의 제목은 '탄핵소추안'이지만 그 내용과 형식은 헌법 제65조에서 말하는 탄핵소추 의결이 아니라 대통령에 대한 정치적 '불신임안'입니다.

그렇기 때문에 탄핵소추안 내용이 법률사전에는 없는 '비선조직'이니

'국정농단'이니 하는 정치적 탄핵용어로 되어 있고, '故意(고의)'에 대한 요건의 설명도 없고, 죄명도 '뇌물죄+직권남용죄+강요죄'라는 법전에 없는 복합범죄로 되어 있고, '대통령의 해난사고 피해자 구조책임'이라는 세계 어느 법전에도 없는 해괴한 대통령 법률책임이 나오고, 여성 대통령의 사생활을 10분 단위로 밝히라는 야만적인 횡포가 나오고, 공익법인 설립 모금을 통치자금 비리와 같이 포괄 뇌물죄로 모는 기가 찬 사이비 법률적용이 나오고, 평생 친구 사업 좀 도와주고, 연설문 수정에 도움 좀 받은 것을 가지고 '비선조직에 의한 국정농단'이라는 어마어마한 조선시대 사색당쟁의 탄핵용어가 거침없이 나온 것입니다.

물론 우리나라 헌법에는 국회가 대통령을 불신임할 수 있는 권한이 없습니다. 권한이 없기 때문에 설사 그 불신임안을 234명이 아니라 국회의원 300명 전원이 찬성했더라도 이는 법률상 무효의 의결입니다.

3. 헌법재판소는 변론을 재개해서 저의 '탄핵각하' 변론을 들어 줄 의무가 있습니다

그렇기 때문에 저는 이번 국회의 탄핵소추 의결을 헌법재판소가 접수하여 심리한 그 자체가 헌법에 맞지 않다고 주장하는 것입니다. 헌법재판소가 지난 두 달여간 조사한 것은 헌법 제65조의 탄핵소추 의결을 조사한 것이 아니라 헌법에는 없는 대통령 불신임안을 조사·심의한 것입니다. 요컨대, 지금까지 두 달간의 헌법재판소 조사·심리는 헛발질을 한 것입니다. 국민의 세금을 낭비한 것입니다. 그런데 이러한 다툼이 헌법재판소에서는 주장할 수 없고, 입증할 수 없는 막말변론이라니 어이가 없습니다.

4. 국회는 신성불가침의 초헌법기관이 아니다

여러분, 국회는 무슨 초헌법기관입니까? 대한민국 국민이 건드릴 수 없는 신성불가침한 존재 입니까? 촛불국회의 오만은 이 세계 어느 민주국가에서도 찾아볼 수 없는 오만과 무지의 극치입니다. 이는 人民을 자신의 종으로 생각하는 북한정권 김일성과 그 세습 후계자들이 인민들에게 부리는 오만과 별반 다르지 않습니다. 神의 무서움을 모르는 건방진 인간들의 행동입니다. 국민 여러분, 이러한 오만한 국회의원들에게 복종하는 것이 법치 민주국가의 시민이 할 태도라고 생각하십니까? 아닙니다. 이러한 오만한 국회를 비호하고 찬양하는 언론을 쓰레기 언론이라고 질타하는 저의 외침이 막말이라고 생각하십니까? 아닙니다.

2017. 3.6.
김평우
(조선일보, 중앙일보, 동아일보에 게재된 3월9일字 광고)

憲裁는 自滅(자멸)하지 말라!
8인 재판은 원천무효이다!

황교안 대행이 신임 헌재소장을 임명하여 헌법에 맞는 9인 재판소가 될 때까지 헌재는 탄핵심판 결정을 미루고, 그동안은 심리를 계속하여 피청구인 측에게 각하의 주장과 증거를 제출하는 반론권 행사의 기회를 주어야 한다. 헌재는 8인 심판 결정을 서두를 아무 이유도, 필요도 없다.

> 김평우 변호사는 '수학적 법치주의'의 중요성을 역설, 헌재가 객관성·명확성에 기반을 둔 판결을 내려야 한다고 강조했다. 金 변호사는 憲裁가 피청구인 측에게도 반론권을 줘야 한다고 지적했다. 또한 고영태 일당의 증거조작 주장을 입증하기 위한 각종 증거신청을 받아들여 줄 것을 憲裁 측에 요구했다.

1. 8인 재판은 원천무효이다. 이는 수학적 법치주의이다

헌법 제111조는 대통령 지명 3인, 국회 지명 3인, 대법원장 지명 3인 이렇게 3權이 똑같이 3인씩 지명하여 3權 분립을 반영한 9인 재판부만이 헌법 분쟁을 결정할 수 있다고 규정하고 있다.

따라서, 지금처럼 8인으로 구성된 헌재는 심리만 할 수 있고 평결은 할 수 없다. 만일 8인 재판관이 국회의 탄핵소추를 認容(인용)이나 棄却(기각)의 결정을 내린다 하더라도 이는 재판권 없는 재판부가 내린 결정이므로 법률상 무효이다. 이는 마치 우리나라 법률상 3인으로 구성되는 합의부 법원만 판결을 내릴 수 있는 살인사건을 2인의 법관이 판결한 것과 같다.

법률상 무효이고 더 나아가 고의가 입증되면 범죄이다. 여기에는 어떤 예외나 反論(반론)이 있을 수 없다. 왜냐하면 이렇게 숫자로 표시된 헌법이나 법률조항들은 그 위반 여부가 증거로 입증할 필요 없이 자명하기 때문이다. 나는 이것을 '수학적 법치주의'라고 부르겠다.

2. 법치주의는 수학적 법치주의로부터 시작한다

법치주의의 시작, 근본은 이 수학적 법치주의를 지키는 것에서부터 시작된다. 그 다음이 절차적 법치주의이다. 왜냐하면 '절차(procedure)'는 숫자보다는 복잡하지만 추상적인 '실체(substance)'보다는 객관성, 명확성, 논리성이 단순하여 그 위반 여부가 쉽게 증명되기 때문이다. 요컨대, 법치주의는 수학적 법치주의가 시작이고, 절차적 법치주의가 다음이고 마지막이 실체적 법치주의이다. 수학적 법치주의도 안 지키면서 절차적 법치주의, 실체적 법치주의를 논하는 것은 산술도 틀리면서 어려운 고등수학을 풀겠다는 것과 같다.

3. 黃 대행이 한 달 이상 신임 헌재소장을 임명하지 않은 것은 중대한 직무유기이고 헌법 위배이다

우리나라 헌법재판소가 이렇게 8인의 재판관으로서 평결을 내릴 수 없는 不姙(불임) 재판소가 된 것은 2017. 1.31. 박한철 前 헌재소장의 임기가 만료되었는데도 그 후임자를 지명해야 할 헌법상 의무가 있는 황교안 대통령 권한대행이 후임자를 지명하지 않고 있기 때문이다. 황교안 대행은 늦어도 2017. 1. 중순부터는 박한철 前 헌재소장의 퇴임에 대비하여 지금 양승태 대법원장께서 하듯이 박한철 소장의 후임을 지명하여 국회의 동의를 구했어야 했다.

그런데, 黃 대행은 이 당연한 자신의 헌법적 책임을 지키지 않았다. 만일 黃 대행이 헌법에 따라 適期(적기)에 헌재소장을 임명하였더라면 그 이후 헌재가 不姙 법원이 되는 것은 동의절차를 신속하게 밟지 않은 국회에게 돌아갔을 것이다. 黃 대행이 무슨 영문인지 후임 헌재소장을 지명하지 않았기 때문에 헌재 不姙의 책임이 누구에게 있는지 모호해졌고, 그 때문에 3월13일 이전에 결정을 내려야 한다는 헌재 측의 위헌적인 평결 스케줄이 마치 일리가 있는 것인 양 언론에 보도되어 국민을 혼란에 빠뜨린 것이다. 이는 어느 누구도 부인할 수 없는 사실이다. 어쨌든, 황교안 대행이 하루 빨리 박한철 소장의 후임을 지명하여 헌재를 8인의 不姙 재판소로부터 구해야 한다. 이것은 黃 대행의 선택사항이 아니라 헌법상 책무이다.

4. 헌재는 위헌이 명백하여 원천무효가 될 8인 심판결정을 서두를 아무 이유도, 필요도 없다

어쨌든, 정치권이 합의하여 신임 헌재소장을 임명, 헌법에 맞는 9인 재판부를 구성해 줄 때까지는, 헌재의 법정심판기일 180일이 많이 남았으니까, 공연히 조바심 내서 평결을 서두를 필요도, 이유도 없다.

오히려 지금처럼 아무런 이유도, 근거도 없이 서둘러서 8인의 재판부가 결정을 내리면 이는 헌재가 정치권의 직무유기 책임까지 자청하여 뒤집어쓰는 결과가 되고 헌재는 그 존재 의의를 잃어 자멸할 것이 명약관화하다.

5. 변론을 재개, 속개하여 피청구인 측에게 반론권 행사의 기회를 주어야 한다

국회가 황교안 대행이 지명할 신임 헌재소장 및 양승태 대법원장이 2017. 3.6. 지명한 이선애 재판관의 청문회 승인 절차를 취하는 동안(탄핵소추처럼 신속하게 하면 1주일도 안 걸린다) 헌재는 변론을 再開(재개), 속개하여 피신청인이 신청하는 여러가지 소송요건 흠결 주장 및 고영태 일당의 증거조작 주장을 듣고 이 중대한 주장을 입증하기 위해 제출하는 각종 증거신청을 받아들여 편견 없이 공평하게 재판을 진행하여야 한다.

6. 이 길만이 헌재가 살고, 국민이 살고, 우리나라의 법치주의가 사는 길이다

원로 법조인의 입장에서 다시 한 번 헌재와 국민에게 간곡히 호소한다.

2017. 3. 7.

김평우

황교안 대행은
9인 헌법재판소를 만들기 위해
신임 헌재소장을 하루빨리 지명하라!

8인 재판관으로 憲裁가 대통령 탄핵 재판을 강행하는 것은 법률상 무효이고, 고의가 입증되면 범죄이다.

> 김평우 변호사는, 이번 탄핵정국의 혼란에는 황교안 국무총리가 대통령 권한대행으로서 헌법상 수행해야 할 '박한철 소장 후임자 지명'과 '박영수 특검 해임' 의무를 이행하지 않은 데 그 책임이 있다고 날카롭게 지적했다. 黃 대행의 국난 극복 의지와 지도자 능력을 강하게 비판한 것이다. 당시 많은 보수 지도자들이 黃 대행을 가장 유력한 大選 후보로 지지한 것과는 전혀 다른 평가였다. 얼마 뒤 黃 대행이 大選 불출마를 선언한 것을 보면, 김평우 변호사의 평가가 적중한 셈이다.

　어제(2017. 3.6) 양승태 대법원장께서 2017. 3.13. 퇴임예정인 이정미 재판관의 후임으로 이선애 변호사를 지명하였다.

　이정미 재판관의 퇴임 일주일을 앞두고 미리 이렇게 지명한 것은 이선애 재판관에 대한 국회의 청문회 절차를 고려한 것이라고 보인다. 통상 국회의 청문회 절차에는 한 달 이상의 시간이 걸린다고 하는데 그런 점에서는 다소 늦었긴 하지만 일주일 기간이나마 기간이 있는 것은 그나마 다행이다.

우리나라 국회는, 다른 나라는 수개월이 걸리는 대통령 탄핵소추를 단 이삼일 만에 증거조사 및 토의도 없이 의결한 세계 최고의 졸속국회이니 일주일이면 충분히 청문회 절차를 마칠 수 있으리라. 양승태 대법원장의 시의적절한 이선애 재판관 지명에 뜨거운 박수와 찬사를 보낸다(헌법상 당연한 직무수행이지만 많은 공무원들이 자기의 법적 책임을 방치하고 이른바 촛불민심의 눈치만 보는 이 슬픈 현실에서는 극히 예외적으로 용기있는 진정한 법치주의자라고 아니할 수 없다).

이제, 헌법재판소는 이정미 재판관이 3월13일 퇴임해도 이삼일 안에 국회가 청문회 절차를 마쳐 곧 그 후임자를 충원함으로써 8인 재판관의 현재 재판관 숫자를 유지할 것이다. 그렇다 하더라도 헌재는 여전히 9인 재판관이 아닌 8인 재판관 법원이다. 따라서, 헌법재판소는 여전히 박근혜 대통령 탄핵소추 사건을 평결할 수 없다(평결은 평의와 결정의 줄인 말이다. 평의는 결정을 위한 합의과정을 의미한다).

헌법 제111조는 대통령 지명 3인, 국회 지명 3인, 대법원 지명 3인 이렇게 3권이 똑같이 3인씩 지명하여 3권분립을 반영한 9인 재판부만이 헌법분쟁을 결정할 수 있다고 규정하고 있다. 따라서, 지금처럼 8인으로 구성된 헌재는 심리만 할 수 있고 평결은 할 수 없다. 만일 8인 재판관이 국회의 탄핵소추를 인용(탄핵소추 절차가 적법하고 중대한 위법이 있어 탄핵이 불가피하다고 6인의 재판관이 결정할 때 성립한다), 또는 기각(6인 재판관의 인용이 없을 때 성립된다)의 결정을 내린다 하더라도 이는 재판권 없는 재판부가 내린 결정이므로 법률상 무효이다.

이는 마치 우리나라 법률상 3인으로 구성되는 합의부 법원만 판결을 내릴 수 있는 살인사건을 2인의 법관이 판결한 것과 같다. 또한, 이는 대통령 임기가 5년인데 임기 1년 전에 퇴임하라고 요구하는 이른바 촛불민심과 같다. 법률상 무효이고 더 나아가 고의가 입증되면 범죄이다. 여기에는 어떤 예외나 반론이 있을 수 없다. 왜냐하면 이렇게 숫자로 표시된 헌법이나 법률조항들은 그 위반 여부가 증거로 입증할 필요없이 自明하기 때문이다. 나는 이것을 '수학적 법치주의'라고 부른다.

법치주의의 시작, 근본은 이 수학적 법치주의를 지키는 것에서부터 시작된다는 것이 나의 持論(지론)이다. 그 다음이 절차적 법치주의이다. 왜냐하면 '절차(procedure)'는 숫자보다는 복잡하지만 추상적인 '실체(substance)'보다는 객관성, 명확성, 논리성이 단순하여 그 위반 여부가 쉽게 증명되기 때문이다. 요컨대, 법치주의는 수학적 법치주의가 시작이고, 절차적 법치주의가 다음이고, 마지막이 실체적 법치주의이다. 수학적 법치주의도 안 지키면서 절차적 법치주의, 실체적 법치주의를 논하는 것은 산술도 틀리면서 어려운 고등수학을 풀겠다는 것과 같다(기초에 충실하지 않으면서 어려운 문제만 공부하는 수험생들과 같다. 헌재 재판관을 포함한 우리나라 법조인들은 이 간단한 원리를 망각하거나 깨닫지 못하고 있다).

다시 본론에 돌아가, 우리나라 헌법재판소가 이렇게 8인의 재판관으로서 평결을 내릴 수 없는 不妊(불임) 재판소가 된 것은 2017. 1.31. 박한철 전 헌재 소장의 임기가 만료되었는데도 그 지명을 해야 할 헌법상의 의무가 있는 황교안 대통령 권한대행이 후임자를 지명하지 않고 있기 때문이다. 황교안 총리가 대통령 권한대행이 된 것은 박근혜 대통령이 졸속한 국회의 탄핵소추로 직무가 정지된 2016. 12.9. 다음날부터이다.

당시 이미 박한철 소장은 2017. 1.31.로 임기 만료되어 퇴임한다는 것이 예상되었다. 따라서, 그때 이미 황 대행은 후임자 지명을 위해 인선에 착수하였어야 한다. 왜냐하면, 헌법상 대통령이 지명하는 헌재 소장의 임명에는 국회의 동의가 필요한데, 국회동의 절차는 통상 數週(수주)가 걸리기 때문이다(우리나라 국회가 단 이삼일 만에 해치운 안건은 대통령 탄핵소추 결의밖에 없다. 다른 모든 의안은 통상 몇 주, 몇 달 걸렸다. 참으로 세계역사, 동서고금에 유례가 없는 엉터리 국회이다).

이렇게 볼 때, 적어도 황교안 대행은 2017. 1. 중순부터는 박한철 전 헌재 소장의 퇴임에 대비하여 지금 양승태 대법원장께서 하듯이 박한철 소장의 후임을 지명하여 국회의 동의를 구했어야 했다. 그런데, 황 대행은 이 당연한 자신의 헌법적 책임을 지키지 않았다. 이는 명백한 직무태만, 직무유기이다. 황교안 대행이 누구인가? 自他(자타)가 인정하는 공안통 검사 출신의 총리이지 않은가?

그러면 헌법 제111조 규정을 몰랐을 리가 없다. 나도 조갑제닷컴 등을 통해 수차 황교안 대행에게 박한철 소장의 후임자를 조속히 지명하라고 공개 요구했다. 그러나 황 대행은 묵묵부답이었다. 2017. 2.1.부터 헌법재판소가 불임법원이 된 것은 전적으로 황교안 대행의 묵묵부답의 결과이다. 만일 그가 헌법에 따라 適期(적기)에 헌재소장을 임명하였더라면 그 이후 헌재가 불임법원이 되는 것은 동의절차를 신속하게 밟지 않은 국회에 돌아갔을 것이다.

그런데, 황 대행이 무슨 영문인지 후임 소장을 지명하지 않았기 때문에 헌재 불임의 책임이 누구에게 있는지 모호해졌고, 그 때문에 3월13일 이전에 결정을 내려야 한다는 헌재 측의 억지주장이 마치 일리가 있는 주장인 양 언론에 보도되어 국민을 혼란에 빠뜨린 것이다.

박영수 특검 문제도 그렇다. 박영수 특검이 무소불위의 초법적인 수사권력을 행사하며 혁명검찰 같이 국민 위에 군림하여 마구 국민의 인권을 침해하는 만행을 저질러, 온 국민이 공포에 떨고 있을 때, 황교안 대행은 무엇을 하였나? 말 한 마디 안하지 않았나? 묵묵부답이었다. 박영수 특검은 임기가 만료되어 그만둔 것이지 황 대행이 해임해서 그만둔 것이 아니다.

검찰의 무소불위 권력행사로 인한 생명, 신체, 재산의 침탈 공포로부터 국민을 구하지 않고 묵묵부답으로 지켜보는 것이 과연 권한대행의 헌법상 책무를 온전히 수행하는 것일까?

(지금까지 황교안 대행이 취해온 묵묵부답주의, 차가운 미소는 뜨거운 애국심과 투철한 법치주의 정신과는 거리가 있다. 오직 치밀한 정치적 계산만 느껴진다. 어쩌면 이 점은 '정치가 당연히 법에 우선한다', '정치는 숲이고 법치는 나무이다'라고 믿는 이 나라 거의 모든 지도층들에게는

커다란 정치적 매력, 자산으로 보일지 모른다. 그러나, 나같이 '정치도 법 아래 있다', '정치는 나무고 법치가 숲이다'라고 믿는 '법치주의자' 눈에는 이 나라에 허다하게 많은 '정치주의자'의 한 사람으로 보일 뿐이다.)

어쨌든, 황교안 대행은 하루빨리 박한철 소장의 후임을 지명하여 헌재를 8인의 不妊(불임)재판소로부터 구해야 한다. 이것은 황 대행의 선택사항이 아니라 헌법상 책무이다. 스스로 헌법상의 책무를 한 달 이상 수행하지 않으면서 무슨 권위로 촛불국회에 헌법을 지키라고 요구할 수 있을까? 만일 황 대행이 직무유기를 계속하면 오늘날 이 탄핵심판 정국의 혼란은 황교안 대행의 책임이 될 수도 있다는 점을 명심해 주시기 바란다.

2017. 3. 7.

박영수 特檢은 전대미문의
'검찰 공포시대'를 연출했습니다!

'특검 및 검찰의 인권침해 불법수사 조사단'을 발족하면서-

> 서울 프레스센터에서 검찰의 인권침해를 고발하는 모임을 만들어, 검찰과 특검의 횡포를 공개적으로 비판했다. 김평우 변호사가 최초로 검찰 횡포를 밝히는 白書를 만든다고 발표했다. 대한민국 역사상 최초가 아닐까 생각한다.

1. 박영수 특검의 지난 90일간 수사권력 횡포는 이 나라 역사에 지울 수 없는 오점을 남겼습니다. 박영수 특검은 2016. 12.1. 출범하여 2017. 2.28. 해체되기 까지 90일간 수사업무를 수행하였습니다. 이 90일 동안 박영수 특검은,

- 삼성전자 이재용 부회장 뇌물공여 등 사건
- 문화계 블랙리스트 사건
- 정유라의 입시 및 학사비리 사건
- 최순실 民官 인사 및 이권개입 사건

'박영수 특검 및 검찰 특수본의 범법행위 및 인권침해 조사위원회 출범식'에서 기자회견문을 낭독 중인 著者 / ⓒ 조갑제 TV

　－ 비선진료 및 특혜 의혹 사건

　－ 청와대 행정관 차명폰 개통 사건

　－ 세월호 침몰 사고 당일 대통령 행적에 관련된 의혹

등 총 7건의 사건을 수사하여 많은 사람을 구속하고 기소하였습니다.

2. 박영수 특검은 그 출발부터 야당만의 추천으로 임명되어 권력으로부터 독립된 독립검사(Independent counsel; Independent prosecutor) 본래의 취지에서 벗어난 태생적으로 위헌적인 수사 권력이었습니다. 이러한 태생적인 위헌성은 그후 박영수 특검이 수사라는 미명하에 저지른 수많은 인권침해, 불법수사로 이어져 결국 90일간 온 국민을 공포에 떨게 만드는 전대미문의 '검찰 공포시대'를 이 땅에 연출하였습니다.

이 90일간의 검찰 공포기간 동안 이 땅에는 '촛불이 민심이고 여기에 거슬리면 모두 반역자'가 되는 무서운, 광적인 군중심리가 마치 쓰나미처럼 휩쓸었습니다. 여성 박근혜 대통령의 나체사진이 신성한 국회의사당 안에서 국회의원에 의하여 전시되고, 대통령의 목이 단두대에서 잘려 피가 쏟아지는 끔찍한 장면이 예술의 이름으로 광화문 네거리에서 펼쳐지고, 대통령의 얼굴을 공으로 만들어 어린 아이들이 광장에서 공놀이를 했습니다. 이런 세기 말의 아포칼립스(APOCALYPSE)가 21세기 선진 민주 국가라고 자처하는 이 대한민국의 수도 서울 광화문 광장에서 세종대왕님과 이순신 장군님의 동상 아래에서 펼쳐졌습니다.

3. 아울러 이 90일간 '검찰 공포기간'과 겹쳐(또는 이를 전후하여) 서울중앙지검 특별수사본부 역시 최순실 등의 국정농단 의혹 사건을 수사한다는 미명하에 수많은 인권침해와 불법수사를 저질렀습니다.

4. 후일 역사는 이 90일간을 '검찰 공포시대'로 영원히 기억할 것입니다. 저와 서석구 변호사, 조원룡 변호사, 박병규 변호사, 인지연 변호사 등은 힘을 합쳐 이 '검찰공포시대'를 기록할 白書(백서)를 만들고 아울러 이 공포시대를 고발한 여러 시민단체 대표들을 법정의 안팎에서 법적으로 지원하기로 결의하였습니다. 많은 법치, 애국 시민들의 피해신고 및 제보와 협조를 부탁드립니다.

2017. 3. 7.

임시대표 김평우

사랑하는 법치와 애국의
부산, 경남시민 여러분!

"우리는 더 이상 촛불언론, 촛불국회, 촛불검찰, 촛불법원의 지배를 받는 2등 국민이 아닙니다."

김평우 변호사는, 이 연설에서 그때까지 대한민국에서 누구도 공개적으로 건드리지 않은 세월호 피해자들의 부당한 過多(과다) 보상 문제를 날카롭게 비판, 그의 남다른 정의감과 진실을 말하는 용기를 보여주었다. 다음날 憲裁가 탄핵을 인용하는 상식 밖의 결정을 내릴 때에도 이를 예상하고, 그에 대응하여 미리 불복을 선언해 두는 남다른 예지를 보여주었다.

1. 조갑제닷컴의 《탄핵을 탄핵한다》 책을 쓴 김평우 변호사입니다. 그리고 지난 2월22일과 2월27일 두 번에 걸쳐 헌법재판소 법정에 나가 박근혜 대통령님은 아무런 죄가 없고 오히려 국회의 2016년 12월9일자 탄핵소추야말로 헌법과 법률에 위반됨은 물론 고의적인 對(대)국민 對헌재 사기이고 더 나아가 대한민국의 국시인 자유, 민주, 법치를 완전히 짓밟은 대역범죄임을 역설한 박근혜 대통령님의 변호인입니다.

2. 부산시민 여러분, 부산은 500여 년 前 일본의 도요토미 히데요시가 "명나라를 치는데 길을 비켜라"라는 오만한 지시를 우리 조선 임금이 받아들이지 않았다 하여 15만 대군으로 우리 조선반도를 침략하였을 때 제일 먼저 왜적에 맞선 첫 전투에서 우리 민족이 순국의 피를 최초로 흘린 곳입니다. 이순신 장군께서 왜군을 대파하는 첫 승리를 거두어 전쟁의 흐름을 바꾸신 곳도 바로 이 가덕 앞바다입니다 1950년 6·25 사변 때도 북한 김일성의 기습남침에 대한민국의 국군이 밀려 낙동강 방어선에서 겨우 숨을 헐떡이고 있을 때 이곳 부산, 마산의 경남 시민들이 최후의 보루가 되어 지키지 않았더라면 오늘의 대한민국은 없었을 것입니다. 또 1960년 4·19 사건 때도 자유당의 부정선거에 항의하여 최초로 대한국민이 민주 자유를 위해 피를 흘린 곳도 바로 이곳 부산, 마산입니다.

저 개인적으로는 피난 국민학교 생활 3년을 보냈고 군 법무관 생활 1년 반을 보낸 곳이며, 제가 가장 사랑하는 누님과 어릴 적 친구 이해인 수녀가 사는 곳입니다. 이런 뜻 깊은 곳에서 여러분에게 이 나라의 향후 명운을 좌우할 박근혜 대통령 탄핵 심판사건의 선고를 하루 앞두고 애국시민 여러분 앞에서 연설을 하게 되어 정말 행복합니다.

3. 여러분, 이번 탄핵은 단순히 박근혜 대통령 개인에 대한 탄핵이 아닙니다. 이번 탄핵은 대한민국의 국시 자유주의, 법치주의, 개인주의, 민주주의를 완전히 짓밟고, 민주, 민족, 민중의 삼민주의 즉 김일성의 주체

'탄핵각하촉구 부산시민총궐기대회'에서 원고를 낭독 중인 著者 / ⓒ 조갑제 TV

사상으로 대한민국의 국시를 바꾸려는 반역세력들의 대한민국 국시에 대한 도전입니다.

또한, 여성 대통령의 자유와 인격, 프라이버시를 완전히 무시하고 인격살인을 서슴지 않는 인간성에 대한 도전입니다

더 나아가, 자신들은 직권남용, 강요, 뇌물의 더러운 범죄를 잔뜩 저지른 그 더러운 손으로 대한민국 역사상 유일하게 아무런 스캔들 없이 가장 깨끗한 대통령 박근혜 님을 이 세상의 가장 더러운 인간으로 만들어 발가벗기고 돌을 던지는 것, 이것이 바로 이건 2016년 12월9일 국회가 저지른 탄핵소추입니다. 이는 "너희들 중에 죄 없는 자만이 돌을 던져라"는 역사상 가장 신성한 명령에 대한 도전입니다.

아무 故意(고의) 없는 인간의 개인적 실수, 허물을 처벌할 수 있는 것

은 오직 神(신)만이 할 수 있는 신의 영역입니다. 우리 인간은 다 신 앞에 죄 많은 피조물입니다. 저들은 마치 지신들이 신이라도 되는 양 인간 박근혜, 여성 박근혜를 발가벗기고, 단두대에 올려 목을 치고, 공을 만들어 순진한 어린 아이들에게 공놀이를 시키고 있습니다. 이것은 북한에서 하는 짓입니다. 지금 이 땅 대한민국이 아닙니다.

4. 여러분, 박근혜 대통령님은 우리 국민들이 2012년 직접, 평등, 비밀, 보통 선거에 의하여 적법하게 선출한 완벽한 民選(민선) 대통령입니다. 이 완벽하고 깨끗한 대통령을 대통령직에서 쫓아내고, 생명까지 빼앗으려는 사람들 저들이 과연 대한민국 국민입니까? 여러분 저들이 대한만국 국기 태극기를 흔드는 것을 보신 적 있습니까? 요즈음 저들이 가끔 들고 나오는 건 태극기에 노란 리본을 단 리본 태극기입니다.

여러분, 이건 세월호 국가의 깃발이지 대한민국 태극기가 아닙니다. 그래 세월호 피해자 300명이 대한민국 국민 5000만보다 더 중요하단 말입니까? 여러분 세월호 사고가 북한에서 일어났으면 피해 보상금이 얼마였을까요? 대한민국 국민이기 때문에 대한민국 국민들이 8억이란 거금을 준 것 아닙니까? 그런데, 저들이 한번이라도 우리 국민들에게 고맙다, 감사한다, 이 과분한 보상금을 대한만국을 위해서 값지게 쓰겠습니다. 이렇게 단 한 마디라도 말한 적 있습니까? 나는 감히 묻습니다. 세월호 유족들에게 더 많은 보상금과 특전을 주어야 한다고 외치는 저들은 과연 대한민국 국민들 맞습니까? 당신들의 정체는 무엇입니까?

5. 여러분, 저는 지난 며칠간, 기자회견과 광고문을 통하여 헌재가 정원 9인이 아닌 8인으로 탄핵소추를 심판하여 결정을 내리는 것은 헌법 제111조 규정으로 보나, 이정미, 김이수, 이진성 재판관들의 종전 판결례를 보나, 여러 원로법조인들의 일치된 의견으로 보나 명백한 위헌이라 원천무효임을 만천하에 알렸습니다. 지금까지 이 점에 대해 "아니다. 합헌이다. 유효하다"라고 말한 법률가는 단 한 사람도 존재하지 않습니다. 그러니까, 헌법재판소는 황교안 권한대행이 헌법이 규정한 신임 헌재 소장을 임명하고 국회가 동의 절차를 마쳐 9인의 재판관을 채울 때까지는 탄핵심판을 중단하고, 그동안에 심리를 속개하여 이 사건 탄핵소추의 목적, 과정, 절차가 헌법에 맞지 아니하므로 소추장 내용에 들어가 살펴볼 필요 없이 '각하'되어야 한다는 저의 소위 '적법절차' 주장이 과연 맞는지 아니면 '국회 소추의결 절차에 아무런 하자가 없다'는 법무부 회신이나, 강일원 헌재 주심판사님의 상반된 의견과 주장이 맞는지 이 점에 대하여 양측이 제시하는 전문가들의 의견과 외국의 선례 및 각종의 증거를 살펴보고 나서 결정을 내려도 조금도 늦지 않다고 역설하였습니다.

6. 또 한 가지, 보다 심각한 문제는 그동안 검찰과 특검이 조사하였다는 '최순실'의 비리와 부정 소위 언론이 말하는 '국정농단'이 아무런 실체가 없는 그야말로 촛불 기자님들의 '허구 소설'이라는 것이 점차로 드러나고 있는 점입니다. 이건 대통령 탄핵소추장에서 박근혜 대통령의

개인적 잘못을 묻는 것은 오직 한 가지 세월호 사건 7시간 동안 대통령은 뭘 했느냐 하는 것 정도이고 나머지는 대부분 최순실의 소위 국정농단에 대한 연대책임 즉 조선시대 연좌제 책임입니다. 따라서 최순실의 비리, 부정에 대한 판단이 내려지지 않고는 박 대통령에 대한 이 件 탄핵소추는 올바른 결정이 나올 수 없습니다. 그런데, 최순실의 비리가 고영태 일당의 조작이라는 사실이 드러나면서 그 일당이 달아나 잠적을 하였습니다. 필시 특검이나 검찰 또는 촛불이 이들을 숨기고 보호해 주고 있을 것입니다. 진실이 고개를 들고 드러나려는 바로 이 시점에서 박 대통령에 대한 탄핵심판을 내리겠다는 것은 도대체 무슨 이유입니까? 이것이 과연 정상적인 재판을 하려는 재판관들일까요? 저는 의문입니다. 최순실 비리, 부정을 직접 재판하는 형사법원조차 사실을 가리지 못해 재판을 끝내지 못하고 있는데 소위 그 공범자라고 하는 박근혜 대통령부터 그것도 형사법원도 아닌 헌법재판소에서 형사법원보다 앞질러 판결을 내리겠다는 그야말로 상식을 벗어난 위험천만한 도박 재판입니다. 자칫하면 헌법재판소의 자살골이 될 거라는 점을 지적하지 않을 수 없습니다.

7. 이 나라 언론, 국회, 지도층은 우리 국민들에게 무조건 헌재 판결에 승복해야 한다고 말합니다.

여러분, 우리가 사리 판별도 못하는 애들입니까? 승복하고 안하고는 각자가 판단하여 결정할 일이지 언론이, 국회가, 원로가 국민들에게 명령할 일입니까? 여러분, 이 사건 탄핵심판은 국회가 대통령 박근혜를 소추한 것입니다. 따라서 재판 당사자는 국회와 대통령 박근혜입니다. 따라서 두 사건 당사자는 국가의 헌법절차에 따른 판결에 대해 승복할 법적 의무가 있습니다. 그러나, 우리 국민들은 주권자로서 그동안 이 나라 언론, 국회, 검찰, 법원에 대해 각자가 헌법과 법률에 따라 주어진 책무, 심부름을 제대로 했는지 심판하여 잘못한 사람들은 처벌, 탄핵의 심판을 내릴 권리, 즉 주권이 있습니다. 주권자의 심판을 받아야 할 종들이 주인인 우리에게 무조건 승복을 하라니 이야말로 적반하장이 아니고 무엇입니까?

8. 사랑하는 법치와 애국시민 여러분, 지금 우리는 나라 잃은 백성입니다. 우리의 의사와 말을 대변해줄 언론이 없고, 우리의 재산을 지켜줄 국회가 없고, 우리의 자유와 신체, 생명을 보호해줄 검찰이 없고, 우리의 주장과 증거를 들어줄 법원이 없습니다.

이제 우리는 다 같이 손을 잡고 일어나야 합니다. 오늘 저와 함께 태극기를 흔들며 힘차게 선언합시다.

1) 우리는 더 이상 촛불언론, 촛불국회, 촛불검찰, 촛불법원의 지배를 받는 2등 국민이 아니다.

2) 우리는 1948년 우리 민족의 위대한 선각자인 개혁가 이승만 박사께서 세우신 자유, 민주, 법치 대한민국의 자랑스러운 애국시민임을 세계만방에 고한다.

9. 여러분, 헌법재판소가 헌법과 국민상식에 맞는 심판을 하는지 안하는지 지켜봅시다.

만일 하지 않으면 우리는 다 함께 일어나 재판이 무효임을 선언하고 제2의 건국을 향한 행군을 시작합시다.

아! 나의 사랑하는 조국 대한민국 영원하리라!!

2017. 3. 9.

김평우

이번 탄핵은 반역세력들의
대한민국 國是에 대한 도전입니다!

憲裁의 탄핵 인용 선고에 따른 입장: "주권자의 심판을 받아야 할 從(종)들이 주인인 우리에게 무조건 승복을 하라니 이야말로 적반하장이 아니고 무엇입니까?"

3월10일 탄핵인용 결정이 나오자마자 몇 시간 뒤 나온 성명서이다. 탄핵 인용의 부당성을 확실하게 제시, 불복을 공개 선언하여 그 다음날 불복선언 집회의 정당성을 입증했다.

1. 3월10일 헌법재판소는 8인 재판관 전원이 국회의 탄핵소추를 인용하여 박근혜 대통령님을 파면한다는 결정을 내렸습니다. 너무나 충격적인 판결입니다. 저들은 우리 법치 애국시민들의 마지막 기대를 완전히 저버렸습니다.

2. 여러분, 이번 탄핵은 단순히 박근혜 대통령 개인에 대한 탄핵이 아닙니다. 이번 탄핵은 대한민국의 國是(국시)인 자유주의, 법치주의, 개인주의, 민주주의를 완전히 짓밟고, 민주·민족·민중의 삼민주의 즉 김일

성의 주체사상으로 대한민국의 국시를 바꾸려는 반역세력들의 대한민국 국시에 대한 도전입니다. 또한 여성 대통령의 자유와 인격, 프라이버시를 완전히 무시하고 인격살인을 서슴지 않는 인간성에 대한 도전입니다.

더 나아가, 자신들은 직권남용, 강요, 뇌물의 더러운 범죄를 잔뜩 저지른 그 더러운 손으로 대한민국 역사상 유일하게 아무런 스캔들 없이 가장 깨끗한 박근혜 대통령님을 이 세상의 가장 더러운 인간으로 만들어 발가벗기고 돌을 던지는 것, 이것이 바로 이 사건 2016. 12.9. 국회가 저지른 탄핵소추입니다. 이는 "너희들 중에 죄 없는 자만이 돌을 던져라"는 역사상 가장 신성한 명령에 대한 도전입니다.

아무 故意(고의) 없는 인간의 개인적 실수, 허물을 처벌할 수 있는 것은 오직 神(신)만이 할 수 있는 신의 영역입니다. 우리 인간은 다 신 앞에 죄 많은 피조물입니다. 저들은 마치 자신들이 신이라도 되는 양 인간 박근혜, 여성 박근혜를 발가벗기고, 단두대에 올려 목을 치고, 공을 만들어 순진한 어린 아이들에게 공놀이를 시켰습니다. 이것은 북한에서 하는 짓입니다. 대한민국의 국민이 할 수 있는 행동이 아닙니다.

여러분, 박근혜 대통령님은 우리 국민들이 2012년 직접, 평등, 비밀, 보통 선거에 의하여 적법하게 선출한 완벽한 民選(민선) 대통령입니다. 이 완벽하고 깨끗한 대통령을 대통령직에서 쫓아내고, 생명까지 빼앗으려는 사람들 저들이 과연 대한민국 국민입니까?

3. 여러분, 저는 지난 며칠간, 기자회견과 광고문을 통하여 헌재가 정원 9인이 아닌 8인으로 탄핵소추를 심판하여 결정을 내리는 것은 헌법

제111조 규정으로 보나, 이정미, 김이수, 이진성 재판관들의 종전 판결例(예)를 보나, 여러 원로법조인들의 일치된 의견으로 보나 명백한 위헌이라 원천무효임을 만천하에 알렸습니다. 지금까지 이 점에 대해 "아니다. 합헌이다. 유효하다"라고 말한 법률가는 단 한 사람도 존재하지 않았습니다. 그런데, 헌법재판소 재판관들은 8인 재판도 합헌이고 자신들의 말을 뒤집으면서 전혀 사리에 맞지 않는 이유를 댔습니다.

그동안 검찰과 특검이 조사하였다는 '최순실'의 비리와 부정 소위 언론이 말하는 '국정농단'이 아무런 실체가 없는 그야말로 촛불 기자님들의 '소설'이라는 것이 점차로 드러나고 있는 시점입니다. 따라서 최순실의 비리, 부정에 대한 판단이 내려지지 않고는 朴 대통령에 대한 이건 탄핵소추는 올바른 결정이 나올 수 없습니다. 그런데, 최순실의 비리가 고영태 일당의 조작이라는 사실이 드러나면서 그 일당이 달아나 잠적을 하였습니다. 필시 특검이나 검찰 또는 촛불이 이들을 숨기고 보호해 주고 있을 것입니다.

진실이 고개를 들고 드러나려는 바로 이 시점에서 박 대통령에 대한 탄핵심판을 내리는 것은 도대체 무슨 이유입니까? 이것이 과연 정상적인 재판을 하려는 재판관들일까요? 저는 의문입니다. 최순실 비리, 부정을 직접 재판하는 형사법원조차 사실을 가리지 못해 재판을 끝내지 못하고 있는데 소위 그 공범자라고 하는 박근혜 대통령부터 그것도 형사법원도 아닌 헌법재판소에서 형사법원보다 앞질러 판결을 내리는 재판은 도저히 양심있는 법관의 재판이 아닙니다.

4. 지금 이 나라 언론, 국회, 지도층은 우리 국민들에게 무조건 헌재 판결에 승복해야 한다고 말합니다.

여러분, 우리가 사리 판별도 못하는 애들입니까? 승복하고 안하고는 각자가 판단하여 결정할 일이지 언론이, 국회가, 원로가 국민들에게 명령할 일입니까? 여러분, 이 사건 탄핵심판은 국회가 대통령 박근혜를 소추한 것입니다. 따라서 재판 당사자는 국회와 대통령 박근혜입니다. 따라서 두 사건 당사자는 국가의 헌법절차에 따른 판결에 대해 승복할 법적 의무가 있다고 말할 수 있을지 모릅니다.

그러나, 우리 국민들은 주권자로서 그동안 이 나라 언론, 국회, 검찰, 법원에 대해 각자가 헌법과 법률에 따라 주어진 책무, 심부름을 제대로 했는지 심판하여 잘못한 사람들은 처벌, 탄핵의 심판을 내릴 권리, 즉 주권이 있습니다. 주권자의 심판을 받아야 할 從(종)들이 주인인 우리에게 무조건 승복을 하라니 이야말로 적반하장이 아니고 무엇입니까?

5. 사랑하는 법치와 애국시민 여러분, 지금 우리는 나라 잃은 백성입니다. 우리의 의사와 말을 대변해줄 언론이 없고, 우리의 재산을 지켜줄 국회가 없고, 우리의 자유와 신체, 생명을 보호해줄 검찰이 없고, 우리의 주장과 증거를 들어줄 법원이 없습니다. 이제 우리는 다같이 손을 잡고 일어나야 합니다. 3월11일 저와 함께 태극기 애국집회에 나와 태극기를 흔들며 힘차게 선언합시다.

1) 우리는 더 이상 촛불언론, 촛불국회, 촛불검찰, 촛불법원의 지배를 받는 2등 국민이 아니다.

2) 우리는 1948년 우리 민족의 위대한 선각자인 개혁가 이승만 박사께서 세우신 자유, 민주, 법치 대한민국의 자랑스러운 애국시민임을 세계 만방에 고한다.

3) 헌법과 국민상식에 전혀 맞지 않는 헌법재판소의 탄핵인용은 헌법에 위배된 8인 재판일 뿐만 아니라, 헌법의 적법절차의 조항을 대통령과 국민들에게는 적용하면서 국회에 대하여는 '의회 자율권'이라는 터무니없는 이유로 적용하지 않고 면죄부를 주는 反헌법적인 판결로서 원천 무효임을 선언하고 제2의 건국을 향한 행군을 시작합시다.

아! 나의 사랑하는 조국 대한민국 영원하리라!

2017. 3. 10.

김평우

이 나라 법치주의는 죽었다.
'제2의 건국투쟁'으로 나아가자!

憲裁는, 헌법이 규정한 독립된 특별재판소가 아닌 여의도 국회 법사위원회의 '재동 출장소'가 되었다.

> 탄핵 인용 결정 다음날인 3월11일 탄기국 집회에서의 연설. 탄핵 인용 결정에 실망한 시민들에게 '제2건국 운동'으로 계속 나가자고 용기와 사명감을 불어 넣은 연설이었다. 태극기 집회가 대선에서의 단합으로 이어지면 좋겠다고 격려했다. 시민에게 새로운 투쟁 목표와 올바른 방향제시를 했다는 평가를 받았다.

사랑하는 법치 애국 시민 여러분,

1. 여러분, 어제 우리는 결코 지지 않았습니다. 진 것은 우리가 아니라 헌법재판소입니다. 여러분, 어제 많이 긴장하고, 놀라고, 괴로우셨지요? 특히 저에게는 박근혜 대통령님을 끝내 법적으로 지켜드리지 못한 저 자신의 무능과 무력감에 하루 온종일 괴로운 하루였습니다.

그러나 오늘 아침 저는 태양이 다시 동쪽 하늘에서 붉게 떠오르는 것

태극기 집회에서 연설 중인 著者(2017년 3월11일, 서울 덕수궁 대한문 앞) / ⓒ 유우상

을 보며 다시 한 번 용기를 얻었습니다. 여러분, 태양이 괴롭다고, 슬프다고 떠오르지 않은 적 있나요?

우리도 저 태양처럼 실망하지 말고, 슬퍼하지 말고 다시 일어납시다. 그리고 우리가 지난 3·1절 집회에서 약속한 대로 제2의 건국의 행군을 시작합시다.

여러분, 우리가 2012년 평등, 민주, 보통, 비밀선거에 의하여 뽑은 완벽한 民選 대통령, 그리고 대한민국 역대 대통령 중 가장 깨끗하셨고 헌법수호에 용감하셨던 우리 역사 최초의 여성 대통령 박근혜 님은 어제로 비록 대한민국 대통령직을 억울하게 빼앗겼지만 그 대신 그보다 더 값진 법치 애국의 영원한 순교자가 되셨습니다. 그 박근혜 대통령님이 복권되시는 그날까지 아니 더 나아가 이 광장에 우리 민족의 위대한 선각자, 위대한 개혁자 이승만 建國(건국) 대통령과 우리 민족을 가난에서 해방시켜 부국의 국민으로 이끌어 주신 박정희 애국 대통령의 동상이 우뚝 설 그날까지 우리들의 法治(법치) 애국 투쟁을 힘차게 밀고 나갑시다.

2. 이 판결은 강일원 재판관이 멋대로 정리한 새 탄핵소추장을 기초로 하여 판결하고 있습니다. 이는 자기가 소추하고 자기가 재판한 판결입니다. 2016. 12.9. 국회 탄핵소추장에는 13개의 탄핵사유가 있습니다. 그런데, 강일원 재판관은 소위 준비절차에서 '쟁점정리'라는 이름 아래 자기 멋대로 13개 탄핵사유를 5개로 줄여 재구성한 연후에 이를 가지고 재판한다고 일방적으로 선언하였습니다.

국회의 권성동 소추위원은 2017. 2.1. 강일원 재판관이 써준 새로운 법리구성에 따라 종전의 13개 탄핵사유를 5개의 간략한 탄핵사유로 바꾸어 새로운 탄핵소추장을 '준비서면'이란 이름으로 제출하고 어제 판결은 이 새로운 소추장을 가지고 재판한 것입니다. 이는 탄핵소추는 국회의원 3분의 2의 동의로 성립된다는 헌법 제65조 2항의 명문 규정을 위배한 것입니다. 피청구인 측에서 국회의 3분의 2 동의없이 탄핵소추장을 변경하면 안 된다고 항의하였으나, 강일원 재판관은 이를 무시하고, 헌법재판은 직권주의 재판이므로 不告不理(불고불리)의 소송법 대원칙이 적용되지 않는다며 밀어붙인 것입니다. 어제 판결은 자신이 멋대로 고친 이 5개 탄핵사유를 가지고 판결한 것입니다. 그렇다면 이는 헌법

제65조에 위배되는 것은 물론이고 법관이 자기가 소추하고 재판도 하는 세계 재판사상 유례가 없는 오만한 재판을 한 것입니다.

3. 13개 탄핵사유별 투표가 아니라 탄핵의 찬반 투표를 한 것의 위헌성에 대해서도 표결방법에 관한 아무 명문규정이 없어 '의회의 자유'라고 의회에 완전한 면죄부를 주었습니다. 헌법재판소가 국회의 명문 규정이 없기 때문에 合憲(합헌)이라고 판결한다면 이는 국회의 규정이 헌법의 적법절차 규정보다 높다는 것 아닙니까? 그러면 헌법재판소는 뭐하러 있습니까?

4. 8인 재판의 違憲(위헌) 주장에 대해서도 그 대답이 기가 막힙니다. 사정상 부득이한 경우에는 재판관 7인 이상 출석하면 심리할 수 있다는 헌법재판소법 제23조의 규정이 있으니까 평결도 할 수 있다는 것입니다. 우리 헌법 111조에는 9인의 재판관으로 헌법문제를 재판한다고 되어 있지, 7인 이상 재판할 수 있다고 되어 있지 않습니다. 오히려 헌법재판소법 제22조에는 헌법재판소의 심판은 재판관 전원(9인)으로 구성되는 재판부에서 관장한다고 명문으로 규정되어 있습니다. 7인 이상이 審理(심리)할 수 있다는 것은 헌법재판소법에 있지 헌법에 있지 않습니다. 그리고 그 법률 규정도 "7인 이상이 심리할 수 있다"고 되어 있지 審判(심판)할 수 있다고 되어 있지 않습니다.

헌법이 높고 법률은 그 아래 있기 때문에 법률로 헌법을 뒤집을 수 없다는 이 간단한 헌법의 기본 원리도 모르는 사람이 헌법 재판관들이라니 놀라지 않을 수 없습니다. '심리'와 '심판'의 차이도 모르는 사람이 판사라니 정말 믿어지지 않습니다. 그러면 2014년에 박한철, 이정미, 이진성, 김이수 이 네 사람이 8인 재판은 위헌이라고 판결한 것은 실수입니까? 이렇게 수시로 의견이 바뀌고, 왜 바뀌었는지 설명도 안하는 사람이 과연 법관의 양심을 가진 법관입니까?

5. 특히 제가 2.27. 최종 변론에서 가장 힘주어 강조한 "고의 없으면 처벌없다"는 근대법의 기본원리를 위배하여 고의에 대한 아무런 사실적 시와 증거설명이 없습니다. 이 사건 국회의 탄핵소추장과 마찬가지로 이 사건 판결문에도 피청구인 즉 박근혜 대통령님이 '고의'나 '범죄 의사'를 가지고 최순실의 국정관여를 방임하거나 도와주어 직권을 남용한 것이라는 고의, 공범자 의사에 대하여 아무런 적시나, 설명도 없이 대통령직 파면이라는 중대한 처벌을 내린 것입니다.

6. 이 판결문에 의하면, 우리 국민이 2012년에 평등·비밀·직접·보통 선거에 의하여 뽑은 民選 대통령 박근혜 대통령님을 국회와 헌법재판소가 합동하여 파면한 것입니다. 이 사건 판결서에 의하면, 국회가 2016. 12.9. 탄핵소추장에서 탄핵사유로서 가장 강조했던 '세월호 사건', '뇌물죄' 등 큰 것들은 다 罪가 안 된다고 판결하여 마치 탄핵이 기각되는 것처럼 판결하더니 후반부에 와서 '최순실의 국정개입 허용과 직권 남용'이

라는 제목의 부분에 와서 갑자기 헌법위배, 법률위배라고 유죄를 인정하고는, 이것이 바로 탄핵을 해야 될 중대한 위법성 있는 범죄라서 대통령을 파면한다는 것입니다.

여러분, 국회에서 중대한 범죄라고 소추한 것은 다 罪가 안 되고 국회에서 가볍다고 생각한 것만 골라 중대한 범죄라니 이것은 누가 보아도 궤변 아닙니까? 국회는 이것만으로는 탄핵할 사유가 못된다고 생각해서 13개 탄핵사유의 뒤쪽에 놓은 것을 꺼내서 이것이 가장 중요한 탄핵사유라고 하면 이것은 국회가 대통령을 탄핵하는 것이 아니라 헌법재판소 판사들이 대통령을 탄핵하는 것 아닙니까?

여러분 이 나라의 유명한 전직 대법관님께서 憲裁가 혹시 이러한 장난을 칠까봐 의견서를 내셨습니다. 여기서 이 분은 국회가 13개 탄핵사유를 다 묶어서 일괄투표를 하였으니까 탄핵사유 중 한 개라도 헌법위배, 법률위배가 아닌 것이 있으면 그 전체를 기각하여야 한다고 지적하셨습니다. 너무나 당연한 논리 아닙니까? 한 개의 議案(의안)으로 해서 일괄투표한 탄핵소추 결의안이니까 헌재도 이것을 하나의 불가분한 議案으로 보고 이 중에서 하나라도 헌법위배나 법률위배가 아닌 것이 있으면 議案을 기각해야 할 것 아닙니까?

13개 사유 전부가 탄핵할 사유라고 해서 한 개의 議案으로 일괄투표한 것인데, 헌법재판관이 이 일괄투표안을 자기 멋대로 다시 풀어헤쳐서 자기 마음대로 5개의 議案으로 분류한 후에 마지막 다섯 번째 가장 가벼운 안을 가지고 탄핵을 시켰으니 이번 대통령 탄핵은 국회가 탄핵한

집회에 참가한 한 단체의 회원들이 '헌재를 해체하라'는 플래카드를 들고 행진하고 있다. / ⓒ 유우상

게 아니라 헌법재판소가 탄핵한 것입니다. 이제 헌법재판소는 헌법이 규정한 독립된 특별재판소가 아니라 여의도 국회 법사위원회의 '재동 출장소'가 되었습니다.

7. '증거 없는 소추'의 위헌성에 대해서도 국회법에 증거를 붙여야 한다는 규정이 없으니까, 증거를 붙이고 안 붙이고는 국회 자유라는 것입니다. 여러분, 우리 형사소송법에는 검사가 증거없이 起訴(기소)하지 말라는 명문규정은 없습니다. 그러면 검사는 아무 증거없이 사람을 기소해도 자유입니까?

설사 법률에 아무런 규정이 없어도 헌법 제12조에는 적법절차 규정이 있으므로 검사가 증거조사도 아니하고, 증거도 없이 국민을 기소하는 것은 적법절차에 위배된 기소로 위헌입니다. 그리고 만일 고의적이면 이는 직권남용 등의 범죄가 되는 것입니다. 국회도 마찬가지입니다. 증거가 있어야 대통령을 소추할 수 있는 것은 헌법 제12조의 적법절차 규정상 너무나 당연한 것입니다.

헌법을 전문으로 재판하는 헌법재판소 재판관들이 국회가 증거소추하라는 헌법의 규정이 없으니까 증거없이 대통령을 소추해도 좋다고 하면 이런 재판관이 어떻게 헌법을 지키는 재판소의 법관입니까?

8. 고영태 일당의 거짓 진술, 증언과 특검의 인권침해에 대하여 아무런 판단도 하지 않고 있습니다. 이번 판결에서 박근혜 대통령은 결국 자신의 범죄가 아니라 최순실의 부정, 비리에 연루되어 유죄가 되었습니다.

그런데 최순실의 비리, 부정은 여전히 형사법원에서 재판하고 있습니다. 그것은 최순실의 비리, 부정을 언론과 검찰에 밀고한 고영태 일당의 진술, 증언이 자신들의 이익을 챙기기 위해 고의로 조작한 거짓증거라는 것이 점차 드러나 그들의 진술이 신빙성을 잃어버렸기 때문입니다. 그런데 헌재는 형사법원도 망설이고 있는 최순실의 비리, 부정을 형사법원도 아닌 헌법재판소에서 유죄로 단정하여 이를 전제로 박근혜 대통령을 탄핵하는 결정을 내린 것입니다.

特檢(특검)의 경우도 마찬가지입니다. 특검의 조사는 인권을 침해한 불법수사인데 이를 증거에서 배제하지 않고 재판의 근거로 삼은 것은 적법절차에 어긋나는 헌법위배의 재판입니다.

9. '섞어찌개 범죄는 위헌이다'라는 제 주장에 대해서는 아예 언급이 없습니다. 연대책임이나 연좌제는 적용해서는 안 된다는 저의 주장에 대하여도 언급이 없습니다. '헌법위배'는 '법률위배'와 달라서, 단순한 개별적 법률 위배행위가 바로 헌법 위배행위가 되는 것이 아니라 고의적으로 헌법원칙을 정면으로 부정하거나 부인하는 것을 의미한다는 주장에 대하여도 언급이 없습니다.

10. 특히 검찰이나 특검의 조사에 응하지 않은 것을 헌법부정으로 해석한 것은 수사피의자의 자백강요금지, 진술거부권 또는 자기負罪(부죄)거부의 특권(privilege against self-incrimination·범죄를 저질렀다고 기소되거나 의심받는 사람이 형사상 자기에게 불리한 진술을 강요당하지 아니하는 권리)을 완전히 부정하는 완전히 전근대적인 反헌법적 판결입니다.

11. 그러나 저를 가장 놀라게 하고 슬프게 한 것은 다름 아니라 헌법재판관 8명 전원이 탄핵인용에 찬성했다는 사실입니다. 아니 헌법이 무엇인가를 아는 재판관이 한사람도 없단 말입니까? 그러면 지금까지 이런 사람들을 헌법재판소 재판관으로 지명하고, 청문회에서 통과시키는 국회는 다 무엇을 기준으로 지명하고 심사한 것입니까? 여러분 이 나라가 과연 국가 맞습니까?

어떻게 이 나라 구석구석이 이렇게 완전히 썩었습니까? 저는 이 89쪽짜리 판결문을 읽는 것이 너무나 부끄럽고 죄송합니다. 이것이 우리 법조계의 엘리트라는 사람들의 법률수준임이 이제 만천하에 드러났습니다.

12. 결국 이 사건 판결문은 국회의 졸속 소추장보다 더 졸속한 판결입니다. 위에 열거한 것 말고도 이 사건 판결은 그 위헌·위법이 너무 많아 제가 하루 이틀만으로는 다 지적하기가 어려울 정도입니다. 이 사건 판결문은 위헌·위법 아닌 것을 찾기가 더 어려운 재판 입니다. 추후 제가 시간적 여유를 가지고 더 상세하게 그 위헌·위법성을 밝히겠습니다.

제가 단언컨대, 2017. 3.10. 이 날은 대한민국 법치주의의 최후의 보루인 헌법재판소가 스스로 헌법을 파괴하여 이 나라 법치주의를 자기들 손으로 무너뜨린 사법 自滅(자멸)의 날로 역사에 기록될 것입니다.

13. 2017. 3.10.은 이 나라 법치주의가 완전히 무너진 날입니다. 아시다시피 이 나라 언론은 지난 2016. 10.부터 언론기관이 아니라 수사기관·재판기관으로 나서서 그 본분을 잃었습니다. 그리고 국회는 이 언론과 촛불집회에 밀려 2016. 12.9. 증거조사도 없는 섞어찌개의 졸속한 대통령 탄핵소추를 하여 이미 자신의 본분을 잃었습니다.

거기다 박영수 특검이 2017. 2.1.부터 90일간의 공포검찰 시대를 열어 국민을 공포의 도가니에 몰아넣음으로써 검찰이 국민의 자유·신체·생명을 보호할 검찰 본연의 임무를 져버린데 이어 이제 헌법재판소가 달랑 89쪽의 판결문으로 사법의 임무를 길거리에 갖다 던짐으로써 이제

이 나라 사법은 완전히 그 직분을 잃었습니다.

이제 이 나라 법치주의는 끝났습니다. 앞으로 이 나라에는 혁명검찰이 다시 나타나 완장을 차고 다니며 인권을 짓밟고 사람을 마구 구속하는 기나긴 공포의 시대가 올 것입니다. 그리고 저들이 벌인 이 2016. 12.9. 정변의 마지막 목적인 早期(조기) 대통령 선거가 역시 불법·졸속으로 치러질 것입니다. 그 뒤에 오는 것은 이 나라 역사에 처음으로 등장할 완벽한 좌파정부일 것입니다. 우리는 우선 다 같이 뭉쳐 이번 대선에서 반역세력이 집권하는 것을 막아야 합니다.

14. 법치 애국 시민 여러분, 어떠한 일이 닥치더라도 용기를 잃지 마십시오. 여러분 저들이 오늘 이렇게 언론, 국회, 검찰, 사법, 노조를 모두 장악하게 된 것은 결코 몇 년 만에 된 것이 아닙니다. 저들은 1987년 민주헌법이 시행된 이래 지난 30여 년간 어린 자녀, 젊은이, 지도층를 하나하나 자신들의 민주·민족·민중의 三民(삼민)주의, 즉 김일성의 주체사상으로 물들였습니다.

그 총결산이 바로 어제 우리가 본 8인 憲裁 재판관 전원 일치의 박근혜 대통령 탄핵 결정 입니다. 그렇기 때문에 저들을 몰아내고 새로운 언론, 새로운 국회, 새로운 검찰, 새로운 법원, 새로운 노조를 만드는 것도 결코 하루 이틀에 되지 않습니다. 우리도 오랜 기간 고난과 인내의 大長征(대장정)을 거쳐야 잠자는 대중, 침묵하는 지도층, 마냥 행복한 부유층이 진정한 법치 애국의 시민 우리에게 동참과 협력의 손길을 뻗을 것입니다. 그때까지 우리는 단결하여야 합니다. 건국 대통령 이승만 박사께서 외치신 구호처럼 "뭉치면 살고 흩어지면 죽는다" 이 말을 잊지 마십시오.

15. 누구를 위하여 종은 울리나? 어제 이 나라에서 울린 종은, 법치민주주의 終焉(종언)을 알린 종입니다. 동시에 우리들에게 법치주의를 再建(재건)하여 우리의 후손들에게 국민이 진정한 이 나라의 주인이고 우리를 '2등 국민'으로 능멸하는 오만한 법관, 검찰, 국회, 언론을 우리의 손으로 심판하기 위하여 용감하게 일어나 투쟁할 것을 명령하는 운명의 종입니다. 법치 애국의 형제들이여 뭉치자.

"뭉치면 살고 흩어지면 죽는다!"

아 ! 나의 사랑하는 조국 대한민국 영원하리라!

2017. 3.11.

헌재의 탄핵인용 결정은 원천무효입니다!
재심 청구부터 시작합시다!

> 憲裁가 사법만행을 저지른 근본적 원인은, 제도상 이를 견제할 기관이 없다는 데 있다.

> 김평우 변호사는 탄핵 인용 결정 후에도, 헌재법 제22조의 '審判'과 제23조의 '審理'가 같다는 취지로 해석한 憲裁 재판관들의 결정을 비판했다. 金 변호사는 이를 '사법만행'이라고 규정, 끝까지 법적 투쟁에 나설 것임을 천명했다.

사랑하는 법치, 애국시민 여러분,

1. 3월10일 탄핵인용 결정은 법치주의 자멸의 자살골 재판입니다.

이정미 재판관 등 헌법재판소 법관 8명이 2017. 3.10. 전원일치로 내린 박근혜 대통령 탄핵인용 결정은 우리나라 법치주의를 헌법재판소가 스스로 짓밟은 법치주의 자멸의 자살골 재판입니다.

우리 헌법상 헌법재판소는 단심 재판입니다. 따라서 비록 그 절차와 내용이 위헌, 무효라 하더라도 그 결정은 선고와 동시에 확정되는 소위 형식적 확정력을 가집니다. 그러나, 형식적 확정력에 불구하고 그 결정은 실질상 위헌이고 원천무효입니다. 형식적 확정력이 발생하였다고 하여 위헌, 무효의 재판이 실질상 합헌, 유효가 되는것은 결코 아닙니다.

이는 일제가 강압과 매수로 乙巳五賊(을사오적)들을 회유하여 맺은 乙巳勒約(을사늑약)이 비록 형식상은 유효한 조약일지 몰라도 그 체결의 과정과 절차가 국제법상의 불평등 조약이기 때문에 우리 국민은 모두가 그 조약은 무효라고 확신하고 그 을사늑약을 무시한 채 40여 년간 독립투쟁을 벌여 끝내 1948년 건국 대통령 이승만 박사의 지도 아래 자유, 민주, 법치의 대한민국을 건국한 사실만 보아도 쉽게 알 수 있는 법리입니다.

오늘날, 소위 이 나라의 지도층이라고 자처하는 언론인, 법조인, 정치인들은 '왜 확정된 헌재 결정에 대해 승복하지 않고 계속 무효투쟁을 하느냐' '왜 태극기 집회를 계속하여 평온한 나라를 혼란에 빠뜨리려 하느냐'고 우리를 나무랍니다.

저들은 재판의 형식적 확정력과 법치주의를 혼동하고 있습니다. 법치주의는 형식적 확정력에서 멈추는 것이 아닙니다. 법치주의는 실질적 정의와 공평의 실현을 궁극적 기준, 목표로 하는 것입니다. 저들은 형식적 법치주의를 법치주의의 전부라고 믿었던 독일 나치스 시대의 낡은 법률 신봉자들입니다. 저들의 논리대로 하면 을사늑약은 합헌이기 때문에 거기에 저항하여 투쟁한 우리 애국 독립운동가들은 법치주의를 무시하고 나라를 소란케 하는 불법자들이 됩니다.

여러분, 우리는 이런 시대에 뒤떨어진 언론, 국회, 검찰, 법원, 노조를 더이상 이 나라의 지도층으로 받아들일 수 없습니다. 다 같이 일어나 법치애국의 시민인 우리가 이 나라의 새로운 주인임을 확실히 보여줍시다.

나라를 혼란시키는 세력은 우리가 아닙니다. 조선시대 四色黨爭(사색당쟁) 사고방식에서 한 치도 벗어나지 못한 이 나라 특권층과, 북한의 주체사상을 마치 진보적 이념이라고 착각하고 있는 종북좌파들입니다.

2. 법치, 애국시민 여러분, 이번 헌재 결정은 위헌, 위법이 아닌 것을 찾기 힘듭니다.

이번 헌재의 대통령 탄핵심판 과정에서 보듯이 강일원 등 8인의 재판관들은 공평하고, 중립적이어야 하는 법관의 기본자세를 저버린 채, 일방적으로 국회의 편을 들어

― 헌법 제111조 2항의 규정상 8인재판은 무효라는 법조인들의 일치된 공론을 무시하고, 심지어는 자신들 스스로의 판결례도 뒤집어 헌법재판소법 제22조의 '審判(심판)'과 제23조의 '審理(심리)'는 같은 것이니까 同法 제23조에 의하여 合憲(합헌)이라는 헌법에도 맞지 않고, 법률에도 맞지 않는 궤변을 부리고

― 탄핵사유별 개별투표가 아닌 일괄투표는 무효라는 국민적 법률상식에 대해 투표 방법은 국회의 자율권이므로 헌재가 재판할 수 없다는 자기부정의 자살골 재판을 내리고

― 증거 없이 소추하는 것을 금지하는 헌법 제12조의 적법절차 원칙에

대해서는 국회법에 그런 규정이 없다는 이유로 무시하여 국회의 법률을 헌법보다 상위법률로 착각하는 법관들이 헌법재판을 전담하는 우리나라 사법의 기막힌 현실을 보여주고

　- 원천적으로 잘못된 국회의 탄핵소추장을 소위 '쟁점정리'란 이름 아래 멋대로 뜯어고쳐서 그 고친 소추장으로 재판하는 사법만행을 '재판관례'라는 이름으로 합리화시키고

　- 자신들이 만든 새 탄핵소추장으로 자신들이 재판하여 不告不理(불고불리)의 재판 기본원리를 짓밟고

　- 국회는 어떤 위헌적인 방법과 절차로 대통령을 탄핵해도 대통령은 다툴 수 없다고 그야말로 삼권분립의 헌법 기본원리도 무시하는 궤변을 늘어놓고

　- 국회 소추장에도 없는 사유(검찰, 특검조사 불응)를 자신들이 끼워 넣어 그 사유로 대통령을 탄핵하는 위헌적인 재판을 멋대로 하고

　- 국회가 중대한 사유라고 내세운 사유는 무죄라고 하면서 국회가 중대하지 않다고 한 사유를 중대한 사유라면서 그 사유로 대통령을 탄핵하는 초법적인 정치재판을 하고

　- 고영태 일당은 자기들의 거짓 진술이 드러나자 잠적, 형사법원도 고영태 일당의 진술을 믿지 못해 최순실의 유죄를 선고하지 못하고 있는 상황에서 형사법원도 아닌 헌재가 박근혜 대통령을 최순실의 공범자로 인정한 후 한국 헌법에는 없고 오로지 조선시대 경국대전과 북한의 공산형법에나 있는 낡은 구시대의 緣坐制(연좌제)를 멋대로 적용하고

- '고의 없이 처벌 없다'는 근대법의 기본원리를 무시한 채, 아무런 고의의 설시, 입증도 없이 박근혜 대통령을 법률에 아무 근거가 없는 순전한 정치논리 가지고 헌법 위배로 인정하여 파면하고

　- 이정미 재판관이 퇴임하는 3월13일에 맞추어 재판을 끝내기 위해 피청구인 측의 모든 주장과 증거신청을 2월22일에 기각하고 결심하는 편파적인 졸속재판을 하고

　- 대한민국 역사상 일찍이 유신시대에도 없었던 반대의견 하나 없는 전원일치의 인민재판식의 판결을 내려

　마침내, 2012년 대선에서 직접, 평등, 비밀, 보통선거에 의하여 적법하게 선출된 민선 대통령이자, 이 나라 역대 대통령 중 가장 깨끗하고 헌법수호에 투철하셨던 이 나라 최초의 여성 대통령을 한국 역사상 최초로 대통령직에서 파면시켜 치욕과 불명예의 대통령으로 색칠하여 끌어내렸습니다.

　3. 우리는 이런 위헌적인 사법만행에 대해 결코 승복할 수 없습니다. 저는 법률가로서 끝까지 법적투쟁에 나설 것입니다.

　우선 박근혜 대통령께서 위임하신다면 재심 청구서를 내어 헌재판결의 위헌, 위법성을 만천하에 공표하겠습니다.

　4. 끝으로, 헌법재판소 법관들이 이러한 사법만행을 저질러 나라를 뒤흔들 수 있게 된 근본 원인은 자신들이 어떤 불법을 저질러도 제도상

이를 견제할 기관이 없기 때문입니다. 이번 판결은 거기서 나온 오만입니다.

이를 계기로 하여 우리도 외국처럼 헌재를 대법원 아래의 고등법원(헌법부)으로 낮추어 대법원에서라도 헌재 재판관들의 안하무인식 재판을 바로잡을 수 있도록 제도개혁 즉 헌법개정을 하여야 합니다.

사랑하는 법치 애국시민 여러분, 박근혜 대통령님이 복권되어 깨끗한 이름을 회복하실 수 있도록 함께 투쟁합시다.

2017. 3.14.

법치와 애국모임

(조선일보, 중앙일보, 동아일보 3월14일字에 게재된 광고)

한국 사회를
전체주의로 몰아가는 언론

언론은 국민의 대표자를 僭稱(참칭), 국민의 알권리를 빙자하여 국민을 수사하고, 재판하고 더 나아가 違憲(위헌)적인 憲裁 판결에도 무조건 승복하라고 국민에게 강요하는 범죄행위를 서슴지 않고 있다.

사실 요즘 언론이 하는 "승복하느냐?" 질문은 처음부터 질문이 아니다. 질문은 자신이 잘 모를 때, 또는 여러 개의 답변이 나와서 이중 어느 것이 다수의 의견인가를 알고자 할 때, 또는 다양한 의견을 서로 비교하고자 할 때 등에 사용하는 대화법이다.

그런데, 이번 질문은 정답을 기자가 미리 가지고 있다. 아니 그 답이 옳다고 확신하고 있다. 그 확신이 너무 강하여 상대방이 그와 다른 답을 하면 바로 적대감을 갖고 이를 표시한다.

더 나아가 탄핵심판의 당사자도 아닌 일반 국민에게 판결의 승복 여부를 묻는 난센스이다. 판결의 당사자가 아닌 제3자에게는 판결에 동의하냐, 아니하느냐 묻는 것은 語法(어법)에 맞지 않는 愚問(우문)이다.

돌이켜보면 이 나라의 언론은 이미 오래 전부터 객관적으로 질문하고 겸허하게 국민의 답변을 들어 이를 대중에게 그대로 전달하는 言路[채널, 미디어]의 입장을 포기하였다. 사전에 자신이 정답을 정하고 그 정답을 가르치거나 아니면 그 정답을 끌어내기 위한 수단으로서 인터뷰니, 패널이니 하며 자신들의 언론권력을 행사하기에 바쁘다.

답변을 거부하면 저들은 국민의 알 권리를 침해하느냐고 화를 낸다. 이 순간 저들은 자신을 언론이 아니라 국민의 대표자로 자신의 스테이터스(status·지위)를 멋대로 바꾼다.

국민이 언제 언론기관, 기자님들을 대표자로 선출했단 말인가?

우리나라 헌법상 국민의 대표자는 전국민이 직접, 평등, 보통, 비밀선거에 의하여 뽑은 직선 대통령 한 분밖에 없다. 국회의원은 지역 주민들이 뽑은 지역대표이다. 이 지역대표 300명이 모여 회의체로서 의사를 결정하였을 때 비로소 국회의 의사가 되고 이 국회가 국민의 대표자가 되는 것이다. 요컨대, 국회의원 개개인이 국민의 대표자가 되는 것이 아니라 적법절차를 거쳐 형성된 국회의 의사가 국민을 대표하는 것이다. 이 이외에는 어느 것도 국민의 대표가 아니다.

국민의 몇 %도 안되는 촛불집회가 이 나라의 국회와 같은 대표기관이 되는 것이 아니다. 물론 태극기집회도 국민의 대표자가 아니다.

항차, 언론기관은 국민의 대표자가 아니다. 언론기관의 종업원에 불과한 기자님들은 더더욱 자신이 속한 신문기관을 대표하는 것이지 국민을 대표하는 것이 아니다. 만일에 이들이 국민의 대표자로 자기의 스테이터

스를 말한다면 이는 대한민국 대표자라는 국가공무원 신분을 참칭하는 범죄행위가 되는 것이 아닐까?

내가 한국의 언론을 상대하지 않는 것은 저들은 자신을 나와 동일한 대한민국의 시민이라고 생각하지 않고 자신을 국민의 대표자 즉 대통령이나 국회 같은 권력자로 자격을 참칭하며 질문을 가장한 답변강요, 즉 수사기관도 할 수 없는 진술강요의 범죄행위(강요죄 공무원 자격사칭죄)를 멋대로 저지르고 더 나아가 나의 답변이 옳다, 그르다고 도덕적, 법적 평가를 내려 나를 재판하려하기 때문이다.

분명히 말하지만 나는 이런 불법한 수사, 재판에 증인이 되어 얽히기 싫다. 그래서, 나는 언론의 인터뷰에 일체 응하지 않는 것이다. 내가 하고 싶은 말은 내가 돈을 내서 광고란을 빌려 말하면 된다고 나는 믿는다. 그 길만이 이 나라 국민 누구도 위임하지 않은 '국민대표자' 지위를 스스로 참칭하며 수사권력, 재판권력, 홍보보도 권력을 모두 아울러 행사하는 이 나라 최고의 권력기관, 언론기관에서 벗어나 자유를 누리는 길이라고 나는 믿는다.

아, 정말 이 나라 국민들이 불쌍하다. 자기들이 위임하지도 않은 자칭 국민의 대표자들로부터 자신들이 원하지 않은 질문을 강요당하고, 저들이 원하지 않는 답변을 표시할 경우 당할지 모를 수모와 이지메가 두려워 억지웃음을 지으며 비굴하게 원하는 답변에 맞추느라고 고민해야 하는 이 나라 국민들의 모습을 보며 눈물이 나는 것을 참을 수 없다.

이러한 모습은 주권자의 떳떳한 모습이 아니다. 이러한 모습은 일제

때 神社(신사)에 참배를 강요당했을 때 우리 선조들이 지었던 비굴한 모습이나, 독일 나치정부 하에서 "당신은 유태인이 우리와 대등한 인간이라고 생각하느냐?"고 독일 언론이 물었을 때 독일 국민들이 표시한 반응이나, 중국에서 문화혁명 기간 중에 "국가주석 유소기를 인민재판하여 주석직에서 끌어내린 것을 찬동하느냐?"고 물었을 때 중국 국민들이 보인 반응들과 많이 닮았다고 생각한다.

민주주의의 기초는 사상, 표현의 자유이다. 법치주의는 이 사상, 언론의 자유를 보호하여, 그 침해를 막고, 처벌하는 것이 출발이다. 사상, 표현의 자유에는 반대와 침묵의 자유가 포함된다.

찬동과 승복은 자유라기보다 권리의 행사이다. 민주주의, 법치주의에서 사상, 언론의 자유라고 말할 때에는 반대와 침묵의 자유를 말하는 것이지 찬동과 승복의 권리를 말하는 것이 아니다. 자유와 법치는 소수자(minority)에게 주어지기 때문에 가치가 있고 의미가 있는 것이다. 만일, 다수에게 찬동하고, 승복하는 것만이 자유와 권리라고 하여 보호되고, 반대로 소수자의 반대와 침묵이 자유와 법치의 보호에서 排除(배제)된다면, 그것은 진정한 민주나 법치가 아니다. 그것은 다수의 횡포이다. 그런 사회는 자유, 민주, 법치의 사회가 아니다. 그런 사회는 개인의 존엄과 자유가 부정되는 전체주의 사회이다.

지난 3월10일 소수자의 반대가 표시되지 않은 전원일치의 탄핵인용 결정이 헌재에서 8인의 재판관 이름으로 내려졌을 때, 이 나라의 법치주의, 민주주의는 막을 내렸다.

그 이후 이 사회에는 전원일치 판결에 대한 반대와 침묵은 公敵(공적)으로 몰려 마치 逃亡者(도망자)처럼 되고 있다(내가 8인 재판관 全員一致 인용 결정을 진정으로 통탄해 한 이유이다. 만일 6:2로 인용되었으면 반대자나 침묵자가 公敵으로 몰리지는 않았을 것이다). 민주주의, 법치주의의 終焉(종언)을 알리는 저 종소리는 누구를 위하여 울리는 것일까? 우리 사회가 전체주의 사회로 치달려가는 것이 내 눈에는 보인다. 그 끝은 무엇일까?

2017. 3. 14.

김평우

'한국의 미란다'
우종창 志士 만세!

우종창 志士는, 사법시험에 패스하지 않았지만, 법리와 논리로 이 나라 최고 법원인 헌법재판소 재판관들이 실제로는 얼마나 법리와 논리에 맞지 않는 엉터리 판결로 국민들이 적법하게 선출한 박근혜 대통령님을 쫓아냈는지 온 국민들에게 알렸다. 법은 법조인의 專有物(전유물)이 아니라 시민 모두의 것임을 보여주었다. 제2, 제3의 우종창 志士가 나와 우리도 미국처럼 모든 국민이 법 앞에 평등한 진정한 선진 시민 법치사회를 이룩하자. 그것이 바로 제2의 건국투쟁이다. 우종창 志士 만세!

2016. 12.9. 있었던 국회의 졸속한 탄핵소추 과정을 자세히 들여다보면, 이 나라 국회의원들이 얼마나 대한민국의 헌법과 법률을 무시하고, 안하무인으로 주권자 국민이 평등·보통·비밀·직접선거로 뽑은 적법한 民選(민선) 대통령의 직무를 멋대로 정지시켜 청와대에 유폐시켰는지 알 수 있다.

2017. 2.27. 있었던 17차 변론기일까지 단거리 경주처럼 진행된 헌법재판소의 박근혜 대통령 탄핵심판 과정을 보면, 이 나라의 헌법재판소 재

판관들이 얼마나 헌법의 적법절차를 무시했는지 알 수 있다. 편파적·일방적으로 탄핵 청구인(국회) 측의 편을 들었고, 피청구인인 박근혜 대통령의 반론권은 철저히 무시했다.

2017. 3.10. 이정미 재판장 등 8인의 헌법재판관들이 숯원일치로 내린 89장의 대통령 파면 결정문을 읽어보면 저들이 자신들의 임무인 헌법과 법률의 수호에는 아무 관심이 없었음을 알 수 있다. 오히려 자신들의 주관적 지식과 개인적 의견, 자신들만의 관례를 오만하게도 헌법과 법률 위에 놓고 멋대로 재판권을 남용, '인간 박근혜' 그리고 '대한민국 대통령 박근혜'의 헌법상 권리를 불법하게 박탈했음이 드러난다.

그런데도, 이 나라 국민의 80~90 퍼센트는 이 사실을 전혀 모른다. 이들은 모든 것이 나라의 법 질서에 따라 제대로 진행된 것이라고 굳게 믿는다. 내가 신문 광고와 〈신의 한수〉, 〈조갑제닷컴〉, 〈정규재 TV〉 등 유 튜브를 통해 국회, 검찰, 憲裁의 違憲(위헌)·違法(위법)을 말했어도 그냥 한국의 현실을 모르는 미국法 연구자의 탁상공론 法律論(법률론)으로 치부하여 아예 듣고 보려 하지 않는다. 지금 자기들이 朝中東 등 활자매체와 KBS, MBC, SBS 등의 공중파를 통해 보고 듣는 게 진실의 전부라고 믿는다. 이들 관점에서 보면 나의 정보는, 유튜브에 올라오는 수만 개의 믿거나 말거나 한 쓰레기 정보 중 하나일지 모른다.

놀라운 것은 이들 중에는 언론인, 학자, 법조인, 교수, 대학생 등 이 나라의 최고 지식인, 지도층들이 거의 모두 포함되어 있다는 사실이다. 더 나아가 이들 중에는 이 나라에서 판사, 검사, 변호사로 立身揚名(입신양명)하여 국민의 존경을 받는 원로 법조인들이 상당수 포함되어 있다는 사실이다. 이들은 필시 2016. 12.9.자 국회의 졸속 '탄핵소추장'을 읽어 보지 않은 것처럼 2017. 3.10.자 헌재의 똑같이 졸속한 판결문도 읽어 보지 않았을 것이다. 어련히 잘 알아서 했겠느냐고 믿어서 굳이 읽어 볼 필요를 느끼지 못했거나 아니면, 어차피 승복할 것인데 읽어서 문제점을 알면 공연히 긁어 부스럼 될까봐 읽어보지 않았을 것이다. 하물며 내가 쓴 비판의견서는 아예 처음부터 막말 변호사의 不穩(불온) 문서다 싶어 읽지 않았을 것이다.

어떻게 아느냐고? 만일에 양쪽을 다 읽어 보았으면 법률가로서 의당 '憲裁 판결문은 이래서 옳고, 김평우의 비판서는 이래서 그르다'고 법리적·논리적으로 비교 설명한 뒤, '나는 판결에 찬성한다'며 찬성 이유를 법조인답게 법리적으로 설명했어야 할 것 아닌가(몇 번 말했지만 판결 당사자도 아닌 제3자가 판결에 승복한다고 말하는 것은 넌센스이다. 제3자는 승복하는 것이 아니고 찬성하는 것이다. 제3자가 승복한다고 말하는 것은 마치 전쟁 당사자도 아닌 나라가 항복한다고 말하는 것 같은 넌센스이다)?

그런데, 나는 그런 법리적 설명을 하는 법조인들을 한 번도 못 보았다. 모두가 하나 같이 국민의 단합을 위해서 또는 법치국가의 국민의 도리로서 승복(역시 찬성이 맞는 語法이다)해야 한다는 지극히 의례적인, 또는 정치 元老 같은 피상적인 이유를 댄다. 그런 식의 이유라면 굳이 법률가가 필요 있을까? 평생 법조인의 공개적인 판결 승복(역시 찬성이 맞는 語法이다)해야 한다는 이유가 고작 그것인가 싶어 실망만 더할 뿐이다.

이쯤 되면, 외눈박이 나라에서는 두눈박이가 병신, 불구라고 하더니 내가 바로 그렇다. 내가 '막말 변호사', '난동 변호사'가 되고 변호사 자격이 의심스러워 징계를 받게 될 것 같다. 어떻게 하면 저들이 진실이라고 굳게 믿는 朝中東의 뉴스가 허위이고, 공중파의 보도가 쓰레기 정보임을 알게 할 수 있을까? 어떻게 하면 저들이 법치의 상징이라고 믿는 헌재 재판관들이 사실은 법치와는 가장 먼 거리에 있는 오만의 化神(화신)들임을 알게 할 수 있을까? 어떻게 하면 化石(화석)처럼 굳어진 저들의 환상을 깨부술 수 있을까?

나는 며칠간 이 문제의 답을 찾아 골똘히 생각하던 중 유튜브에서 우종창 記者란 분이 2017. 3.10. 판결을 한 憲裁 재판관 8인(이중에는 2017. 3.13.로 퇴임한 이정미 前 헌재 재판관이 포함되어 있다)을 상대로 직무유기, 직권남용, 허위 공문서 작성 등 혐의로 서울중앙지방검찰청에 고발하였다는 기사를 보고 고발장을 구해 몇 번이고 자세히 읽었다. 그리고 〈정규재 TV〉에 나온 그의 방송을 들었다. 정말 감명 받았다. 치밀하고 날카로운 사실관계 분석과 증거 설명은 내가 이번 憲裁의 판결문에서 전혀 못 본 법리적이고 논리적인 분석이었다(헌재 판결문과 禹 기자님의 고발장이 뒤바뀌었으면 얼마나 좋았을까 싶을 정도이다). 이 분의 법리적이고 논리적인 정확한 사실 지적에 대해 우리 검찰과 법원이 어떻게 응답·처리하는지 두고 보아야겠다.

한국에서 법치주의를 살리려면 법치주의를 파괴하고 죽인 검찰, 법관, 언론, 국회, 노조를 고발하여 법의 이름으로 단죄하는 것이 正道(정도)이다. 법치주의 파괴는 법치투쟁, 즉 저들을 법의 심판대에 세워 응징해야 한다. 대중집회에서 백 번 외치는 것보다 더 효율적이라고 나는 본다. 왜냐하면 일반 시민도 직업 법조인 못지않게 법을 주장하고 다룰 수 있다는 것을 보여 주어야만 국회·언론·법조인들이 스스로 법을 지킬 것이기 때문이다.

한국의 언론, 국회, 법조인들은 완전히 조선의 양반들이다. 언론사 기자들은 언론사의 직원이라는 신분증을 갖는 순간, 국회의원들은 政黨(정당) 공천권에 의하여 국회의원 금배지를 다는 순간, 법조인들은 사법시험에 합격하여 법조인의 신분을 얻는 순간 자신들을 양반 계급이라고 생각하고 자신들은 법 위에 있다고 믿는 것 같다. 아니, 처음부터 저들은 법은 오직 良民들에게만 적용되고 자신들이 속한 양반 계급엔 적용되지 않는다고 믿는 것 같다.

그렇기 때문에 언론사 기자들은 법에도 없는 수사권·재판권을 행사하고, 국회의원들은 법치주의를 무시한 채 멋대로 탄핵소추장을 만들고, 법관들은 헌법과 법률을 무시한 채 개인적 편견과 지식을 근거로 하여 법의 이름으로 재판을 한다. 조선의 양반들이 바로 이러했다. 병역의무와 조세의무는 良民(양민)에게만 지우고, 자신들은 '공자曰, 맹자曰'만 외우면서 온갖 특권을 누렸다.

그런데, 한국에서는 조선시대와 마찬가지로 일반 시민이 법조인을 상대로 민형사 소송을 제기하는 것이 완전히 禁忌(금기), 즉 터부시 되어 있다. 법 앞의 평등은 法典(법전)에만 있고 현실에는 없다고 모든 국민이 믿고 있기 때문이다. 이는 조선시대 양민들이 양반과 자기는 씨가 다르다고 믿어 양반들을 상대로 '왜 너희들은 병역의무, 조세의무를 지지 않고 공자曰, 맹자曰만 외우느냐'고 도전하지 못한 것과 같다. 이 사회적 禁忌를 깨야만 萬民이 법 앞에 평등해진다. 그래야 법치주의가 선다. 그런 점에서 우종창 기자님의 이번 고발은 그 역사적 의미가 자못 크다고 나는 본다. 양반도 헌법과 법률을 어기면 양민으로부터 고발되어 처벌받을 수 있다는 先例를 만들어야 양반의 특권이 무너진다. 그것이 바로 '법치혁명'이다.

미국 형사법에는 유명한 미란다 룰(Miranda Rule)이 있다. 경찰에 구속된 사람은 누구나 묵비권과 변호사 선임권을 고지 받을 헌법상의 권리가 있고 이 고지를 받지 못한 피의자의 자백이나 증거는 법정에 증거로 제출될 수 없다는 '형사소송 절차법' 내지 '증거법' 규칙이다.

이 권리를 처음 주장한 사람이 바로 미란다라는 형사 피고인인데, 그는 변호사가 아닌데도 감옥에서 혼자 법률을 공부하여 이런 헌법상의 권리를 미국 역사상 처음으로 주장하여 결국 미국 대법원으로부터 인정을 받았다. 그는 이 바람에 미국의 모든 법률가들이 꼭 외워야 하는 이름을 미국 역사에 남겼다. 이것이 1960년대 중반인데 미국은 이 시기부터 진정으로 평등한 법치사회가 되었다고 후세의 역사가들이 말하고 있다.

만일, 한국이 몇십 년 뒤 미국과 같은 진정한 법치사회가 된다면 아마도 우리는 우종창 志士(지사)를 한국의 미란다로 기록하게 될 것이다. 우리는 조선시대부터 내려온 양반, 양민의 2重(중) 구조를 깨부수어야 한다. 법 앞에는 언론, 국회, 검찰, 법원도 모두 평등한 진정한 법치, 민주사회를 만들어야 한다. 그러기 위해서는 제2, 제3의 우종창 志士가 나와야 한다. 이것이 바로 '제2의 건국 투쟁'이다. 우종창 志士 만세!

아! 나의 사랑하는 조국, 대한민국 영원하리라!

2017. 3. 20.
박근혜 前 대통령이 검찰 조사를 받으러 가는 날, 미국에서.
김평우

자료

- ▶ 헌법재판소의 탄핵 심판 타임라인
- ▶ 김평우 변호사의 탄핵 변론 타임라인
    - ▶ 대통령 의견서(최후변론)
- ▶ A(이정미, 강일원 재판관) 對 B(김평우 변호사)의 헌법해석 비교
    - ▶ 헌법재판소 단핵선고 결정문 要旨
    - ▶ 헌법재판소 재판관 프로필

헌법재판소의 탄핵 심판 타임라인

준비기일

2016. 12. 22.   제1회 준비기일
- 탄핵소추 의결서의 헌법위배 5가지, 법률위배 4가지 사항을 2004헌나1 선례에 따라 5가지로 정리하기로 함
- 최순실, 안종범, 정호성은 증인으로 채택

2016. 12. 27.   제2회 준비기일
- 청구인 측에서 세월호 부분 보강하고 적용법조 추가
- 피청구인 측에서 탄핵소추의결서의 불분명한 부분(청와대 관계자 성명 등)에 대하여 석명요청

2016. 12. 30.   제3회 준비기일

변론기일

2017. 1. 3.   제1회 변론기일
- 차회 일정 정리

2017. 1. 5.   제2회 변론기일
- 증인신문: 이재만(불출석), 안봉근(불출석), 윤전추(출석), 이영선(불출석)

2017. 1. 10.   제3회 변론기일
- 증인신문 : 최순실(불출석), 안종범(불출석), 정호성(불출석)

2017. 1. 12.   제4회 변론기일
- 증인신문: 유희인(출석), 조현일(출석), 조한규(출석), 이영선(출석)

2017. 1. 16.   제5회 변론기일
- 증인신문: 최순실(출석), 안종범(출석)

2017. 1. 17.   제6회 변론기일

- 증인신문: 유진룡(출석), 이승철(불출석), 고영태(불출석), 류상영(불출석)
- 수사기록 증거채부 기준에 대한 입장 정리 : 부동의한 조서는 원칙적으로 증거채택하지 않음. 예외적으로 1) 진술과정이 전부 영상녹화된 경우(정호성 마지막 피신), 2) 진술과정에 변호인이 입회하여 문제없었다고 확인한 경우(최서원의 경우 변호인이 입회하여 문제제기 하였으므로 전부 증거채택하지 않음)에는 부동의한 조서도 증거능력 인정

2017. 1.19. 제7회 변론기일
- 증인신문: 이재만(불출석), 안봉근(불출석), 김상률(출석), 정호성(출석)

2017. 1.23. 제8회 변론기일
- 증인신문: 김종(출석), 차은택(출석), 이승철(출석)

2017. 1.25. 제9회 변론기일
- 증인신문: 유진룡(출석), 고영태(불출석), 류상영(불출석)

2017. 2.1. 제10회 변론기일
- 증인신문: 김규현(출석), 유민봉(출석), 모철민(출석)

2017. 2.7. 제11회 변론기일
- 증인신문: 정현식(출석), 김종덕(출석), 김기춘(불출석)

2017. 2.9. 제12회 변론기일
- 증인신문: 조성민(출석), 문형표(출석), 박헌영(출석), 노승일(출석)

2017. 2.14. 제13회 변론기일
- 증인신문: 안봉근(불출석), 김홍탁(불출석), 이기우(출석), 김형수(불출석)

2017. 2.16. 제14회 변론기일
- 증인신문: 김영수(불출석), 성동춘(출석), 이상한(불출석), 김수현(불출석)

2017. 2.20. 제15회 변론기일
- 증인신문: 최상목(불출석), 방기선(출석), 김기춘(불출석)

2017. 2.22. 제16회 변론기일
- 증인신문: 안종범(출석), 최서원(불출석)
- 헌재에서 2017. 2.23.까지 종합서면 제출 요청
- 김평우 변호사의 헌재 재판진행의 부당성을 비판한 역사적 변론, 기피신청서 제출

2017. 2.27. 제17회 변론기일(최종변론기일)
- 김평우 변호사의 국회소추의 부당성에 관한 변론, 각하결정을 호소, 변론재개신청서 제출
- 박근혜 대통령 최종 의견제출

선고기일

2017. 3.10. 선고기일
- 8인 재판관 전원 탄핵 인용 결정

김평우 변호사의 탄핵 변론 타임라인

2017. 1. 29.   김평우 변호사, 서울에 입국하여 탄핵 반대 투쟁에 적극 참여 시작.
2017. 2. 9.   조선일보에 김평우 변호사 등 원로 법조인 9명의 탄핵반대 법률의견 발표.
2017. 2. 10.   김평우 변호사, 대통령 변호인단 참여.
2017. 2. 13.   김평우 변호사 著《탄핵을 탄핵한다》 출판기념 강연회.
2017. 2. 21.   제15차 변론. 이정미 憲裁재판관, 김평우 변호사의 첫 변론신청을 신청시간이 늦었다는 석연치 않은 이유로 거부.
2017. 2. 22.   김평우 변호사의 첫 변론. 헌재의 편파적이고 일방적인 재판진행을 조목조목 공격하며 국회 탄핵소추의 적법절차 위배를 밝히고 그 입증을 위한 증거신청을 제출하였으나 憲裁는 이중환, 이동흡 변호사 등 기존 대통령 변호인단 대표들과 사이에서 2월22일 증거조사를 모두 마치고 3월13일 전에 재판을 끝내기로 합의하였다는 일방적인 이유로 증거신청을 모두 기각. 김평우 변호사 등이 즉석에서 낸 강일원 재판관에 대한 기피신청에 대해서도 10분 만에 소송 지연을 위한 기피신청이라는 일방적인 이유로 각하.
2017. 2. 27.   최종 변론기일에 김평우 변호사는, 국회의 탄핵소추가 소송요건이 흠결되어 각하되어야 하므로 국회에 돌려보내야 한다고 변론. 이어 변론재개신청서도 제출하였으나 헌재는 아무런 답변도 없이 묵살.
2017. 3. 9.   김평우 변호사가 혼자서 헌재 앞에 나가 8인 재판의 위헌성을 밝히며 변론재개를 공개 신청하였으나 憲裁는 묵살.
2017. 3. 10.   憲裁의 전원일치 탄핵인용 결정에 대해 김평우 변호사는 즉각 인용 결정의 위헌성을 지적하는 반박 성명서 발표.
2017. 3. 11.~14. 김평우 변호사, 계속적인 신문 광고와 태극기 집회 연설을 통해 憲裁의 인용 결정은 원천무효이므로 계속 무효 투쟁하겠다며 '제2의 건국투쟁'을 국민들에게 호소.
2017. 3. 14.   김평우 변호사, 서울 삼성동 사저로 박근혜 대통령 방문하여 위로하고 再審(재심) 청구를 권유.
2017. 3. 16.   신병 치료를 위하여 미국 로스앤젤레스로 출국.

대통령 의견서(최후변론)

1. 들어가며

○ 존경하는 헌법재판관 여러분. 먼저, 국내외의 어려움이 산적한 상황에서 저의 불찰로 국민들께 큰 상처를 드리고, 국정운영에 부담을 더하고 있는 것을 매우 송구스럽게 생각합니다.

○ 저는 최종변론을 준비하면서, 지난 4년의 대통령 재임기간을 돌이켜보았습니다. 부족한 점도 많았고, 제 스스로도 만족하지 못했던 순간들도 있었습니다.

○ 여러분이 아시다시피, 저는 지난 1998년 대구 달성군 보궐선거를 통해 정치에 입문을 하였습니다. 그 날 이후 대통령으로 취임하여 지금에 이르기까지 단 한 순간도 저 개인의 有不利를 따지지 않고 오로지 국가와 국민만을 생각하며 최선을 다해 바른 정치를 하려고 노력했습니다.

○ 2004년 3월 한나라당의 대표최고위원으로 당선된 후 가장 먼저

여의도 공터에 천막당사를 설치하였고, 총선 이후에는 국민들께 드렸던 약속대로 당사를 매각하고, 천안 중앙연수원을 국가에 헌납하면서 약속에 대한 진정성을 보여 드렸습니다.

○ 저는 '정치는 현장에 있어야 한다'라는 신념 아래 시장, 공장, 노숙자 쉼터, 결식아동 공부방 등 소외되고 어려운 서민들을 직접 찾아가서 그들의 목소리를 들었고, 지하 3300미터의 갱도까지 내려가서 광부들의 어려움을 살폈으며, 중소기업인들과 재래시장 상인들의 애로사항은 더욱 세심하게 챙겼습니다.

○ 저는 무엇보다도 이런 현장방문이 '얼굴 비치기'가 아니라, 실질적인 '삶의 질'의 향상으로 이어질 수 있도록 현장의 의견을 반영하여 정책을 수립하고 법안과 예산으로 마무리하는 일련의 과정을 꼼꼼히 챙겼습니다.

○ 민생현장에서의 약속들을 하나하나 기록하여 직접 점검했고, 2006년에는 대한민국 정치사에서는 처음으로 국민들께 드렸던 약속들이 '어느 정도 단계에 와 있는지, 아직 실천하지 못한 것은 어떤 것이며, 왜 그렇게 되었는지'를 정리한 '대국민약속실천 白書'를 발간하였습니다.

○ 제가 이러한 약속실천 백서를 발간했던 이유는 '신뢰할 수 있는 사회와 선진국으로 인정받는데 가장 기본이 되는 것은 얼마만큼 책임질 수 있는 약속을 했고, 그것을 지키기 위해 어떠한 노력을 했는가'하는 것이라고 생각을 했었고, 국민과의 약속을 실천하는 데는 '협상'이 아니라 '노력'이 필요하다는 믿음 때문이었습니다.

○ 대통령으로 취임한 후, 국민들께 드렸던 '경제부흥, 국민행복, 문화융성, 통일기반조성' 등의 약속을 지키기 위해 할 수 있는 모든 노력을 다해 왔습니다.

○ 국민들의 믿음에 배신을 할 수 없다는 저의 약속과 신념 때문에 국정과제를 하나하나 직접 챙기면서 국가와 국민을 위해 헌신하는 마음으로 국정을 수행해왔습니다.

○ 어려운 국제여건에서도 우리 기업들의 활력을 되찾아주기 위해 과감하게 규제를 풀고 엄청난 투자를 해 왔으며, 북한의 위협과 주변국들의 갈등 속에서도 대한민국의 안보를 지키고 국익을 극대화하기 위해 밤낮없이 노력을 해 왔습니다.

○ 그런데, 이처럼 국가와 국민을 위한 일이라는 신념을 가지고 펼쳐 왔던 많은 정책들이 저나 특정인의 私益(사익)을 위한 것이었다는 수많은 오해와 의혹에 휩싸여 모두 부정한 것처럼 인식되는 지금의 현실이 너무나 참담하고 안타깝기만 합니다.

○ 저는, 정치인의 여정에서, 단 한 번도 부정과 부패에 연루된 적이 없었고, 주변의 비리에도 엄정했습니다. 최순실을 비롯한 주변사람들의 잘못된 일 역시, 제가 사전에 조금이라도 알았더라면, 누구보다 앞장서서 엄하게 단죄를 하였을 것입니다.

○ 이제, 저는 구체적인 사실관계나 법리적인 부분은 저의 대리인단에서 충분히 말씀드렸고 또한 최종적으로 정리해서 말씀을 드릴 것으로 알고 있기에, 탄핵심판의 피청구인이자 대한민국의 대통령으로서 탄핵

심판의 마지막 변론기일을 맞아, 소추사유에 대한 저의 생각을 말씀드림으로써 최후의 변을 하고자 합니다.

2. 공무상비밀누설, 인사권 남용에 대하여

○ 먼저 이번 사태의 발단인 최순실과 저의 관계, 그리고 그로부터 파생된 공무상비밀누설, 국정농단 의혹에 대하여 말씀드리겠습니다.

○ 저는, 여러분들도 잘 아시듯이 어렵고 아픈 시절을 보내면서 많은 사람들이 등을 돌리는 아픔을 겪었었습니다. 최순실은 이런 제게 과거 오랫동안 가족들이 있으면 챙겨 줄 옷가지, 생필품 등 소소한 것들을 도와주었던 사람이었습니다.

○ 저는 18대 대통령 선거 등을 치루면서 전국의 수많은 국민들에게 저의 메시지를 전달했습니다. 각종 연설의 중요한 포인트는 보좌진과 의논하여 작성을 하였지만, 때로는 전문적인 용어나 표현으로 인해 일반 국민들의 입장에서는 말하는 사람의 진심이 제대로 전달되지 않는 경우도 가끔 경험을 하였습니다.

○ 그러한 연유로, 저는 국민들이 들었을 때 이해하기 쉽고, 공감할 수 있는 표현에 대해 최순실의 의견을 때로 물어본 적이 있었고, 쉬운 표현에 대한 조언을 듣기도 하였습니다.

○ 그동안 최순실은 제 주변에 있었지만, 그 어떤 사심을 내비치거나 부정한 일에 연루된 적이 없었고, 이로 인해 제가 최순실에 대하여 믿음을 가졌던 것인데, 돌이켜 생각해보면 저의 그러한 믿음을 경계했어야

했는데 하는 늦은 후회가 듭니다.

○ 하지만, 제가 최순실에게 국가의 정책사항이나, 인사, 외교와 관련된 수많은 문건들을 전달해 주고, 최순실이 국정에 개입하여 농단할 수 있도록 하였다는 주장은, 전혀 사실이 아닙니다.

○ 정부의 각료나 공공기관장 등의 인선의 경우, 여러 경로를 통해 적임자를 추천을 받아, 체계적이고 엄격한 검증절차를 거쳐 2, 3배수의 후보자로 압축이 되면, 위 후보자들 중에서 적임자를 최종적으로 낙점을 하였습니다.

○ 무엇보다 인사에 대한 최종적인 결정권자는 대통령이고 그 책임 역시 대통령의 몫입니다. 떠도는 의혹처럼 어느 한 개인이 좌우할 수 있는 문제가 아닙니다.

○ 일부 공직자 중 최순실이 추천한 인물이 임명이 되었다는 이야기가 있으나, 저는 최순실로부터 공직자를 추천받아 임명한 사실이 없으며, 그 어떤 누구로부터도 개인적인 청탁을 받아 공직에 임명한 사실이 없습니다.

○ 또한 공무원에 대한 임면권자로서, 대통령의 지시사항을 성실히 수행하지 못하거나 공직자로서의 능력이 부족하거나, 비위 등이 있는 경우 정당한 인사권을 행사하여 당해 공무원들에 대해 책임을 물은 사실은 있으나, 최순실을 포함한 어느 특정인의 사익에 협조하지 않는다 하여 아무런 잘못이 없는 공무원들을 면직한 사실은 추호도 없습니다.

○ 최순실은 오랫동안 유치원을 운영한 경험은 있지만, 국가 정책이나

외교 분야에 전문성이 있는 사람이 아닙니다. 그렇기 때문에 대통령인 제가 그와 같은 최순실에게 국가의 주요 정책이나 외교 문제를 상의해서 결정한다는 것은 애초부터 생각조차 할 수 없는 일입니다.

3. 재단법인 미르, 재단법인 케이스포츠 설립·모금에 대하여

○ 무엇보다도, 저는 재임 중에 기업 활동을 옭아매는 규제를 풀어 어느 나라보다 자유로운 기업 활동을 보장할 수 있도록 최선을 다했으며, 기업에 부담을 주지 않기 위해 스스로를 엄격하게 자제해 왔습니다. 하지만, 정부의 한정된 예산만으로는 모든 정부 시책을 추진하기는 어렵고, 민간기업의 자발적 참여와 협조가 반드시 필요한 분야도 있습니다.

○ 저는 대통령에 당선되기 전부터 창조경제의 중요성을 역설해왔고, 문화융성을 통하여 한류를 확산하고 체육인재양성을 통하여 국위를 선양하여 국가의 브랜드 이미지를 제고하면, 기업에도 이익이 되고, 이로 인해 일자리도 창출되어, 경제에 도움이 되리라고 생각했습니다.

○ 특히, 세계경제가 제조업 성장의 한계에 부딪힌 현 시점에서, 문화는 미래의 대한민국을 지탱해 줄 중요한 고부가가치의 산업이라 여겼으며, 한 나라의 정신이자, 소프트웨어라고 생각을 했고, 그래서 문화와 체육 분야의 성장을 위해 기업들의 투자를 늘 강조해 왔습니다.

○ 기업인들도 '한류가 세계에 널리 전파되면 기업의 해외 진출이나 사업에 도움이 된다'며 저의 정책 방향에 공감해 주셨고, 그래서 저는 전경련 주도로 문화재단과 체육 재단이 만들어진다는 소식을 관련 수

석으로부터 처음 들었을 때, 기업들이 저와 뜻에 공감을 한다는 생각에 고마움을 느꼈고, 정부가 도와 줄 수 있는 방안이 있으면 적극적으로 도와주라고 지시를 하였던 것입니다.

○ 그런데, 그렇게 좋은 뜻을 모아 설립한 위 재단들의 선의가, 제가 믿었던 사람의 잘못으로 인해 왜곡되고, 이에 적극 참여한 우리나라 유수의 기업관계자들이 검찰과 특검에 소환되어 장시간 조사를 받고, 급기야는 국가경제를 위해 노력해오던 글로벌 기업의 부회장이 뇌물공여죄 등으로 구속까지 되는 것을 보면서 너무나 가슴이 아팠습니다.

○ 대통령으로서 국가경제를 위해 세계를 상대로 열심히 싸우고 있는 우리 기업들을 도와주지는 못할망정 비난과 질시의 대상으로 추락하게 하고, 기업들이 이익을 사회에 환원하고 국가발전에 공헌한다는 차원에서 공익적 목적의 재단법인에 기부한 것을, 뇌물을 제공한 것으로 오해받게 만든 점은 너무 안타깝습니다.

○ 저는 그간 누누이 말씀드린 것처럼, 공직에 있는 동안은 저 자신을 철저하게 관리하여 어떠한 구설도 받지 않으려 노력해 왔으며, 삼성그룹의 이재용 부회장은 물론 어떤 기업인들로부터도 국민연금이든 뭐든 부정한 청탁을 받거나 이를 들어준 바가 없고, 또한 그와 관련해서 어떠한 불법적인 이익도 얻은 사실이 없습니다.

4. 중소기업 특혜, 사기업 인사 관여 의혹에 대하여

○ 대통령이 특정 중소기업의 납품이나 수주를 도왔다거나, 사기업의

인사에 관여했다는 의혹에 대하여 말씀드리겠습니다.

○ 저는 20대 초반 어머니를 여의고, 아버지를 도와 퍼스트레이디 역할을 대행했을 때부터 청와대에 들어온 민원을 점검하고 담당부서들이 잘 처리하고 있는지를 일일이 확인해야만 마음이 놓였으며, 영세한 기업이나 어렵고 소외된 계층의 어려움을 조금이라도 덜어주는 것이 국가발전에 이바지하는 것이라고 생각을 했습니다.

○ 저는 대통령으로 당선된 후 첫 경제일정이 중소기업중앙회를 방문한 것에서도 알 수 있듯이, 평소에도 우수한 기술을 갖춘 중소기업들이 국내외에 제품을 납품할 수 있는 기회 한 번 제대로 잡지 못하고 소중한 기술이 사장되는 것을 안타까워했었고, 그럴 때마다 합법적 범위 내에서 지원할 방안을 찾도록 관련 부서에 요청하였습니다. 대통령이 귀찮아하지 않고 우수한 중소기업들의 애로사항을 적극적으로 해결해 주는 것이 올바른 국정 수행이라고 생각했습니다.

○ 대통령으로서 국정을 수행하면서 현장을 방문했을 때, 중소기업들의 민원이나 지원 건의가 있으면 작은 부분이라도 챙겨주어야 하는 것이 대통령의 당연한 의무라고 생각을 하고 관련 부서에 합법적인 범위 내에서 이를 지원할 방안을 찾도록 지시를 하였던 것입니다.

○ 이는, 결코 누군가의 부정한 청탁을 위해서, 또는 누군가에게 개인적인 이권이나 이익을 주기위한 것이 아니었습니다.

○ 최순실이 제게 소개했던 'KD코퍼레이션'이라는 회사의 자료도 이러한 중소기업의 애로사항을 도와주려고 했던 연장선에서 판로를 알아

봐 주라고 관련수석에게 전달을 하였던 것이며, 위 회사가 최순실의 지인이 경영하는 회사이고 최순실이 이와 관련하여 금품을 받은 사실은 전혀 알지도 못했으며, 상상조차 하지 못했습니다.

○ 사기업의 인사에 관여하였다는 부분에 있어서도, 제가 추천을 했다는 사람 중 일부는 전혀 알지도 못하며, 제가 도움을 주려고 했던 일부 인사들은 능력이 뛰어난 데 이를 발휘할 기회를 찾지 못하고 있다고 하여 능력을 펼칠 기회를 알아봐주라고 이야기했던 것일 뿐, 특정 기업의 특정 부서에 취업을 시키라고 지시한 사실은 없습니다.

5. 언론자유 침해

○ 2014. 11.경 세계일보에서 '정윤회 국정개입은 사실'이라는 제목의 기사를 보도하였고, 이후 그 근거로 청와대에서 작성된 감찰보고서를 공개하였습니다.

○ 이 보도 이후에, 저는 같은 해 12. 초순경 주재한 수석비서관회의에서 '기초적인 사실 확인조차 하지 않은 채 외부로 문건을 유출하게 된 것은 국기문란'이라는 취지로 발언한 사실이 있습니다.

○ 이는, 당시 청와대의 비밀문건이 외부로 유출되어 보도되는 상황이 발생한다는 것은 공직기강 차원에서 큰 문제라는 인식하에 이에 대한 철저한 진상규명을 촉구하는 취지였을 뿐, 세계일보에 보도 자제를 요구하거나 언론의 자유를 침해할 의도가 있었던 것은 아닙니다.

○ 그 후 검찰수사를 통해 세계일보가 보도한 '정윤회가 국정에 개입

하고 있다'라는 취지의 문건내용은 사실이 아닌 것으로 밝혀졌지만, 그 후 저의 비서진들에게 세계일보 조한규 사장의 해임을 요구하도록 지시를 하거나, 이를 알면서도 묵인한 사실이 없습니다.

6. 세월호 침몰 사고에 대하여

○ 세월호 침몰 사고 당일, 저는 관저의 집무실에서 국가안보실과 정무수석실로부터 사고 상황을 지속적으로 보고를 받았고, 국가안보실장과 해경청장에게 '생존자 구조에 최선을 다하고 인명피해가 발생하지 않도록 하라'고 수 회에 걸쳐 지시를 하였습니다.

○ 다만, 재난, 구조 전문가가 아닌 대통령이 현장 상황에 지나치게 개입할 경우 구조 작업에는 전혀 도움이 되지 않고 체계적인 구조 계획의 실행에 방해만 된다고 판단을 하여 구조상황에 대한 진척된 보고를 기다렸습니다.

○ '전원구조'라는 연이은 언론의 보도 및 관련부서로부터 받은 통계에 오류가 있는 보고로 인해 당시 상황이 종료된 것으로 판단을 하였다가, 전원구조라는 보도가 誤報(오보)이고 피해 상황이 심각하다는 정정 보고를 받은 후에는 즉시, 중대본 방문을 지시하였고, 관계 공무원들에게 "단 1명의 생존 가능성도 포기하지 말고 동원 가능한 모든 인력과 장비를 동원하여 보다 세밀한 수색과 구조에 최선을 다하고, 피해 가족들에게 도움이 될 조치라면 조금도 망설이지 말고 적극 협조하여, 사고 현장의 가족들이 불편을 겪지 않도록 살펴 달라"고 지시하는 등, 구조와

사고 수습에 최선을 다할 것을 독려하였습니다.

○ 일각에서, 당일 제가 관저에서 미용시술을 받았다거나 의료처치를 받았다고 주장하고 있으나 이는 전혀 사실이 아닙니다.

7. 마치며

○ 저는 정치인으로서 지켜야 할 가치 중 가장 중요한 것은 '국민과 한 약속을 지키는 것'이라고 믿고 살아왔습니다. 대통령으로 취임한 그 날부터 국민과의 약속을 실천하기 위해 저의 모든 시간과 노력을 쏟아 일해 왔습니다.

○ 저는 이 땅의 모든 우리 아이들이 자신의 꿈을 펼쳐 나갈 수 있고, 모든 젊은이들이 학교를 졸업하고 자신들이 원하는 직장을 가질 수 있는 길을 열어주어, 우리 후손들이 자신의 꿈을 펼칠 수 있는 풍요로운 나라를 만드는 것이, 이 나라의 정치인으로서 그리고 대통령으로서 책임지고 해야 할 사명으로 생각하였고, 이를 이룰 수 있다는 확신과 믿음을 가지고 혼신의 노력을 다해왔습니다.

○ 땀 흘린 만큼 보상받고, 노력한 만큼 성공하는 나라, 법과 원칙을 지키는 사람들이 성공하는 상식이 통하는 그런 나라를 만드는 것이 저의 소명이라고 생각을 했습니다.

○ 돌아보면, 대한민국의 대통령으로서 제게 주어진 소명을 수행하기 위해 보낸 지난 시간들은 국민과의 약속을 실천하는 시간들이었습니다.

○ 이번 사건을 겪으면서 주변을 제대로 살피고 관리하지 못한 저의

불찰로 인해 국민들의 마음을 상하게 해 드린 점에 대하여는 다시 한 번 송구스럽다는 말씀을 드립니다.

○ 하지만, 지금껏 제가 해 온 수많은 일들 가운데 저의 私益을 위한 것은 단 하나도 없었으며, 저 개인이나 측근을 위해 대통령으로서의 권한을 행사하거나 남용한 사실은 결코 없었습니다.

○ 다수로부터 소수를 보호하고 배려하면서, 인간에 대한 예의와 배려가 있으며, 결과에 대한 정당성 못지않게 그 과정과 절차에 대한 정당성이 보장되는 것은 대한민국의 미래와 역사를 위해 바람직하다고 생각합니다.

○ 저는, 앞으로 어떠한 상황이 오든, 소중한 우리 대한민국과 국민들을 위해 갈라진 국민들의 마음을 모아 지금의 혼란을 조속히 극복하는 일에 최선을 다해 나가겠습니다.

○ 헌법재판관님들의 현명한 판단과 깊은 혜량을 부탁드립니다.

2017. 2. 27.

대통령 박 근 혜

A(이정미, 강일원 재판관) 對 B(김평우 변호사)의 헌법해석 비교

① 판결에 필요한 헌법재판소 재판관 숫자

A의 해석 — 헌법재판소 정원은 9인이지만 헌법재판소법 제23조에는 7인 이상이면 재판할 수 있게 되어 있으므로 8인 재판관이 평결해도 合憲(합헌)이다.

B의 해석 — 헌법재판소 정원 9인은 국회, 행정부, 법원의 3권 분립을 실현하기 위한 뜻깊은 원칙이므로 예외가 있을 수 없다.
— 이는 마치 3인 이상 합의부에서 재판할 살인사건을 3인 재판부가 아닌 2인 재판부가 평결할 수 없는 것과 같다.
— 2012헌마2사건에서 박한철 前 헌재 소장, 이정미 現 헌재소장 직무대행, 이진성 재판관, 김이수 재판관은 8인 평결은 위헌이라고 스스로 판결한 바 있다.
— 헌법 제23조의 7인 조항은 법률의 글자 그대로 "심리"에만 적용되고 "평결"에는 적용되지 아니한다.
— 지금까지 헌재에서 8인, 7인으로 주요사건을 평결한 전례가 없다.

② 국회의 적법절차 위반 문제

A의 해석 — 국회의 의결 방법,절차는 국회 자율권에 속하므로 헌재는 재판할 수 없다.
— 법무부가 국회의결 절차에 하자가 없다고 회신하였으므로 피청구인(대통령) 측은 다툴 수 없다.
— 대통령 변호인단의 이중환 대표변호사가 강일원 재판관, 권성동 소추위원과 사이에서 국회의 적법절차 문제는 다투지 않기로 합의했으므로 다른 변호사들도 다툴 수 없다.

B의 해석 — 국회의 자율권은 국회 내부 사항에만 적용되고 이 사건 탄핵소추와 같이 대통령의 직무정지라는 권리침해가 생기는 대외적 헌법행위에는 적용되지 아니한다.
— 법무부의 의견은 일개 공무원의 법률의견에 불과하다. 아무런 법적 구속력이 없다. 헌법재판이 법무부의 의견에 따라 좌우된다면 헌법재판소는 법무부의 하부기관이 되므로 존재의의가 없다.

- 이중환 변호사는 변호인단 일부의 연락책임자, 즉 마치 출입기자단 간사와 같은 지위다. 따라서, "대표"란 말 자체가 비논리적이다. 또한, 서면합의가 아니다. 합의라기보다 강일원 재판관의 법률의견을 수령하여 전하겠다는 뜻의 "알겠습니다"를 "합의하였다"로 확대해석한 것이다.
- 항변권 포기는 재산권 분쟁이 아닌 이 사건 탄핵소추에는 적용될 수 없다.
- 항변권 포기는 피청구인 본인의 확정적, 서면 동의가 있어야 한다. 피청구인 박근혜 대통령님은 그런 항변권 포기를 한 적이 없다. 강일원 재판관, 권성동 소추위 대표, 이중환 변호사 간의 3자 합의는 피청구인에게는 아무 효력이 없다.

③ 절차항변포기가 헌법재판소 관례인지 여부

A의 해석 — 헌법재판소의 "쟁점정리" 속에는 항변권 포기도 포함하는 것이 헌재의 관례이다. 피청구인 대표 이동흡 변호사도 2. 22. 법정에서 확인하고 동의했다.

B의 해석 — 이동흡 변호사는 이중환 변호사와 마찬가지로 대통령 변호인단 일부의 연락 책임자이지 대표가 아니다.
- 그런 관례가 있다면 이는 헌법에 위반된 관례이므로 무효이다. 지금까지 헌재가 헌법에 위반된 위압적, 권위적 재판을 계속하여 왔다는 증거일 뿐이다.
- 피청구인 박근혜 대통령은 이런 위헌적인 재판관행에 동의한 적이 없다.

④ 고영태 일당의 진술에 대한 증거력 문제

A의 해석 — 지금까지의 증거자료 만으로도 재판하기에 충분하고 현재 소재 불명이므로 마냥 기다리기만 할 수 없다.

B의 해석 — 이 사건 탄핵사유의 대부분이 고영태 일당의 언론보도에서 시작되어 그 법정 및 검찰 진술에 기초하고 있으므로 저들의 잠적은 저들의 진술이 허위 내지 과장, 조작임을 반증하는 뚜렷한 증거이다. 따라서, 저들의 잠적을 그냥 기술적인 "송달불능"이나 "소송지연"으로 해석 하는 것은 심히 경험칙과 상식에 맞지 않는 편파적인 재판이다. 우선, 고영태 일당의 진술에 기초한 모든 탄핵사유는 심판대상에서 제외하여야 한다.

⑤ 박영수 특검의 조사자료에 대한 증거력 문제

A의 해석 — 박영수 특검의 수사결과는 다른 증거와 마찬가지로 증거력이 있다

B의 해석 — 박영수 특검은 설립 당초부터 야당의 일방적 추천에 의하여 임명되어 처음부터 독립성, 객관성, 중립성을 요구하는 특검제도 및 특검법의 정신에 맞지 않고, 헌법의 적법절차에 따른 수사 원칙에 위배된다.
- 수사과정에서도 마치 혁명검찰처럼 헌법과 법률에 정한 수사상의 적법절차에 따르지 않고, 철야신문 등 많은 강압 수사를 벌여 인권침해가 뚜렷하다. 따라서, 증거력

이 매우 의심스러운데, 이를 무시하고 일반 증거와 동일하게 증거력 있는 증거로 받아들여 재판의 기초로 하는 것은 인권보장의 유엔 인권 헌장, 헌법의 적법절차 위반이다.

⑥ 3월13일 이전에 재판이 끝나야 하는지 여부

A의 해석 — 이정미 재판관이 3월13일 퇴임하면 7인 재판관으로 재판하여야 하는 문제가 생기므로 3월13일 이전에 판결이 선고되어야 한다.

B의 해석 — 헌법재판은 9인 재판관 전원이 평결에 관여하여야 한다고 헌법에 규정되어 있고, 헌법재판소법 제23조는 7인 이상으로 심리할 수 있다고 규정하고 있다. 따라서 7인 재판관은 심리도, 평결도 할 수 없다는 주장은 법률에 근거 없는 사건이다. 이정미 재판관이 3월13일 퇴임하더라도 심리는 할 수 있다.
— 다만, 이번 탄핵심판의 평결만은 9인 재판관을 모두 충원한 연후에 평결하여야 한다. 3월 13일 이전에 8인 재판관만으로도 평결이 끝나야 한다는 주장은 아무런 법적근거 없는 주장이다.
— 법정 심판기간은 180일인데 아직 반도 지나지 않았다.

⑦ 소송요건의 심사

A의 해석 — 소송요건에는 아무런 하자가 없다.
— 소송요건은 다투지 않기로 합의했다.

B의 해석 — 이 사건 탄핵소추는 목적이 헌법 제65조의 헌법위배, 법률위배를 조사, 심판 청구하여 법치주외를 회복하기 위한 것이 아니라, 조기 선거를 노린 "정치적 불신임" 의결을 하여 이를 탄핵소추로 위장하여 헌법재판소를 속이려 한 "국정농단"의 범죄사건이므로, 헌재는 마땅히 각하하여 국회에 되돌려 보내야 한다.
— 그 밖에도 이런 탄핵소추는 절차, 내용상에 허다한 소송요건 흠결이 있다.
— 소송요건은 직권탐지사항이므로 당사자 합의는 처음부터 적용될 여지가 없다.

⑧ 변론재개여부

A의 해석 — 3월 13일 이전에 선고되어야 하므로 변론재개는 불가하다.

B의 해석 — 우선, 소송요건 흠결 유무는 본안심리에 들어가기 위한 전제조건이므로 우선적으로 심리되어야 한다. 이를 간과하고 심리를 진행한 것은 재판부의 잘못이므로 불이익을 피청구인측에 돌리는 것은 부당하다. 지금이라도 피청구인측에게 주장, 입증할 기회를 주어야 한다. 둘째로, 9인 재판관이 충원된 후에 평결이 내려져야 한다. 그 밖에도 여러가지 심리미진의 문제점이 많으므로 즉시 변론이 재개되어야 한다.

2017. 3. 9.
김평우

헌법재판소 탄핵선고 결정문 要旨

지금부터 2016헌나1 대통령 박근혜 탄핵사건에 대한 선고를 시작하겠습니다.

선고에 앞서 이 사건의 진행경과에 관하여 말씀드리겠습니다. 저희 재판관들은 지난 90여 일 동안 이 사건을 공정하고 신속하게 해결하기 위하여 온 힘을 다하여 왔습니다. 지금까지 대한민국 국민들께서도 많은 번민과 고뇌의 시간을 보내셨으리라 생각합니다.

저희 재판관들은 이 사건이 재판소에 접수된 지난해 12.9. 이후 오늘까지 휴일을 제외한 60여일 간 매일 재판관 평의를 진행하였습니다. 재판과정 중 이루어진 모든 진행 및 결정에 재판관 전원의 논의를 거치지 않은 사항은 없습니다.

저희는 그간 세 차례의 준비기일과 17차례에 걸친 변론기일을 열어 청구인 측 증거인 갑 제174호증에 이르는 서증과 열두 명의 증인, 5건의 문서송부촉탁 결정 및 1건의 사실조회 결정, 피청구인 측 증거인을 제60

호증에 이르는 書證(서증)과 열일곱 명의 증인(안종범 중복하면 17명), 6건의 문서송부촉탁결정 및 68건의 사실조회결정을 통한 증거조사를 하였으며 소추위원과 양쪽 대리인들의 변론을 경청하였습니다. 증거조사된 자료는 4만 8000여 쪽에 달하며, 당사자 이외의 분들이 제출한 탄원서 등의 자료들도 40박스의 분량에 이릅니다.

대한민국 국민 모두 아시다시피, 헌법은 대통령을 포함한 모든 국가기관의 존립근거이고, 국민은 그러한 헌법을 만들어 내는 힘의 원천입니다. 재판부는 이 점을 깊이 인식하면서, 역사의 법정 앞에 서게 된 당사자의 심정으로 이 선고에 임하려 합니다. 저희 재판부는 국민들로부터 부여받은 권한에 따라 이루어지는 오늘의 선고가 더 이상의 국론분열과 혼란이 종식되기를 바랍니다. 또한, 어떤 경우에도 법치주의는 흔들려서는 안 될 우리 모두가 함께 지켜 가야 할 가치라고 생각합니다. 지금부터 선고를 시작하겠습니다.

먼저, 이 사건 탄핵소추안의 가결절차와 관련하여 흠결이 있는지 살펴보겠습니다. 소추의결서에 기재된 소추사실이 구체적으로 특정되지 아니하였다는 점에 대하여 보겠습니다. 헌법상 탄핵소추사유는, 공무원이 그 직무집행에서 헌법이나 법률을 위배한 사실이고 여기서 법률은 형사법에 한정되지 않습니다. 그리고 탄핵결정은 대상자를 공직으로부터 파면하는 것이지 형사상 책임을 묻는 것은 아닙니다. 따라서 피청구인이 방어권을 행사할 수 있고 심판대상을 확정할 수 있을 정도로 사실관계를 기재하면 됩니다. 이 사건 소추의결서의 헌법 위배행위 부분이 분명하게 유형별로 구분되지 않은 측면이 없지 않지만, 법률 위배행위 부분과 종합하여 보면 소추사유를 특정할 수 있습니다.

다음으로, 이 사건 탄핵소추안을 의결할 당시 국회 법사위의 조사도 없이 공소장과 신문기사 정도만 증거로 제시되었다는 점에 대하여 보겠습니다. 국회의 의사절차의 자율권은 권력분립의 원칙상 존중되어야 합니다. 국회법에 의하더라도 탄핵소추발의 시 사유조사 여부는 국회의 재량으로 규정하고 있으므로 그 의결이 헌법이나 법률을 위배한 것이라고 볼 수 없습니다.

다음 이 사건 소추의결이 아무런 토론 없이 진행되었다는 점에 관하여 보겠습니다. 의결 당시 상황을 살펴보면, 토론 없이 표결이 이루어진 것은 사실이나, 국회법상 반드시 토론을 거쳐야 한다는 규정은 없고 미리 찬성 또는 반대의 뜻을 국회의장에게 통지하고 토론할 수는 있습니다. 그런데 당시 토론을 희망한 의원은 한 사람도 없었으며, 국회의장이 토론을 희망하는데 못하게 한 사실도 없었습니다.

탄핵사유는 개별 사유별로 의결절차를 거쳐야 함에도 여러 개 탄핵사유 전체에 대하여 일괄하여 의결한 것은 위법하다는 점에 관하여 보겠습니다. 소추사유가 여러 개 있을 경우 사유별로 표결할 것인지, 여러 사유를 하나의 소추안으로 표결할 것인지는 소추안을 발의하는 국회의원의 자유로운 의사에 달린 것이고, 표결방법에 관한 어떠한 명문규정도 없습니다.

8인 재판관에 의한 선고가 9인으로 구성된 재판부로부터 공정한 재판을 받을 권리를 침해하였다는 점에 관하여 살펴보겠습니다. 헌법재판소는 헌법상 아홉 명의 재판관으로 구성되어 있습니다. 그런데 현실적으로 재판관의 공무상 출장이나 질병 또는 재판관 퇴임 이후 후임재판관 임명까지 사이의 공백 등 여러 가지 사유로 일부 재판관이 재판에 관여할 수 없는 경우는 발생할 수밖에 없습니다. 헌법과 법률에서는 이러한 경우에 대비한 규정을 마련해 놓고 있습니다. 탄핵의 결정을 할 때에는 재판관 6인 이상의 찬성이 있어야 하고, 재판관 7인 이상의 출석으로 사건을 심리한다고 규정하고 있습니다. 아홉 명의 재판관이 모두 참석한 상태에서 재판을 할 수 있을 때까지 기다려야 한다는 주장은, 현재와 같이 대통령 권한대행이 헌법재판소장을 임명할 수 있는지 논란이 되고 있는 상황에서는 결국 심리를 하지 말라는 주장으로서, 탄핵소추로 인한 대통령의 권한정지 상태라는 헌정위기 상황을 그대로 방치하는 결과가 됩니다. 여덟 명의 재판관으로 이 사건을 심리하여 결정하는 데 헌법과 법률상 아무런 문제가 없는 이상 헌법재판소로서는 헌정위기 상황을 계속해서 방치할 수는 없습니다. 그렇다면 국회의 탄핵소추가결 절차에 헌법이나 법률을 위배한 위법이 없으며, 다른 적법요건에 어떠한 흠결도 없습니다.

　이제 탄핵사유에 관하여 살펴보겠습니다. 우선 탄핵사유별로 피청구인의 직무집행에 있어 헌법이나 법률을 위배하였는지 살펴보겠습니다. 공무원 임면권을 남용하여 직업공무원제도의 본질을 침해하였다는 점에 관하여 보겠습니다. 문화체육관광부 노 국장과 진 과장이 피청구인의 지시에 따라 문책성 인사를 당하고, 노 국장은 결국 명예퇴직 하였으며, 장관이던 유진룡은 면직되었고, 대통령비서실장 김기춘이 제1차관에게 지시하여 1급 공무원 여섯 명으로부터 사직서를 제출받아 그 중 세 명의 사직서가 수리된 사실은 인정됩니다. 그러나 이 사건에 나타난 증거를 종합하더라도, 피청구인이 노 국장과 진 과장이 최서원의 私益(사익) 추구에 방해가 되었기 때문에 인사를 하였다고 인정하기에는 부족하고, 유진룡이 면직된 이유나 김기춘이 여섯 명의 1급 공무원으로부터 사직서를 제출받도록 한 이유 역시 분명하지 아니합니다.

언론의 자유를 침해하였다는 점에 관하여 보겠습니다. 청구인은 피청구인이 압력을 행사하여 세계일보 사장을 해임하였다고 주장하고 있습니다. 세계일보가 청와대 민정수석비서관실에서 작성한 정윤회 문건을 보도한 사실과 피청구인이 이러한 보도에 대하여 청와대 문건의 외부유출은 국기문란 행위이고 검찰이 철저하게 수사해서 진실을 밝혀야 한다고 하며 문건 유출을 비난한 사실은 인정됩니다. 그러나 이 사건에 나타난 모든 증거를 종합하더라도 세계일보에 구체적으로 누가 압력을 행사하였는지 분명하지 않고 피청구인이 관여하였다고 인정할 만한 증거는 없습니다.

다음 세월호 사건에 관한 생명권 보호의무와 직책성실의무 위반의 점에 관하여 보겠습니다. 2014. 4. 16. 세월호가 침몰하여 304명이 희생되는 참사가 발생하였습니다. 당시 피청구인은 관저에 머물러 있었습니다. 헌법은 국가는 개인이 가지는 불가침의 기본적 인권을 확인하고 이를 보장할 의무를 진다고 규정하고 있습니다. 세월호 침몰사건은 모든 국민들에게 큰 충격과 고통을 안겨 준 참사라는 점에서 어떠한 말로도 희생자들을 위로하기에는 부족할 것입니다. 피청구인은 국가가 국민의 생명과 신체의 안전 보호의무를 충실하게 이행할 수 있도록 권한을 행사하고 직책을 수행하여야 하는 의무를 부담합니다. 그러나 국민의 생명이 위협받는 재난상황이 발생하였다고 하여 피청구인이 직접 구조 활동에 참여하여야 하는 등 구체적이고 특정한 행위의무까지 바로 발생한다고 보기는 어렵습니다. 또한 피청구인은 헌법상 대통령으로서의 직책을 성실히 수행할 의무를 부담하고 있습니다. 그런데 성실의 개념은 상대적이고 추상적이어서 성실한 직책수행의무와 같은 추상적 의무규정의 위반을 이유로 탄핵소추를 하는 것은 어려운 점이 있습니다. 헌법재판소는 이미, 대통령의 성실한 직책수행의무는 규범적으로 그 이행이 관철될 수 없으므로 원칙적으로 사법적 판단의 대상이 될 수 없어, 정치적 무능력이나 정책 결정상의 잘못 등 직책수행의 성실성 여부는 그 자체로는 소추사유가 될 수 없다고 하였습니다. 세월호 사고는 참혹하기 그지없으나, 세월호 참사 당일 피청구인이 직책을 성실히 수행하였는지 여부는 탄핵심판절차의 판단대상이 되지 아니한다고 할 것입니다.

지금부터는 피청구인의 최서원에 대한 국정개입 허용과 권한남용에 관하여 살펴보겠습니다. 피청구인에게 보고되는 서류는 대부분 부속비서관 정호성이 피청구인에게 전달하였는데, 정호성은 2013년 1월경부터 2016년 4월경까지 각종 인사자료, 국무회의 자료, 대통령 해외순방일정과 미국 국무부 장관 접견자료 등 공무상 비밀을 담고 있는 문건을 최서원에게 전달하였습니다. 최서원은 그 문건을 보고 이에 관한 의견을 주거나 내용을 수정하기도 하였고, 피청구인의 일정을 조정하는 등 직무활동에 관여하기도 하였습니다. 또한 최서원은 공직 후보자를 추천하기도 하였는데, 그 중 일부는 최서원의 이권 추구를 도왔습니다. 피청구인은 최서원으로부터 케이디코퍼레이션이라는 자동차 부품회사의 대기업 납품을 부탁받고 안종범을 시켜 현대자동차그룹에 거래를 부탁하였습니다. 피청구인은 안종범에게 문화와 체육 관련 재단법인을 설립하라는 지시를 하여, 대기업들로부터 486억 원을 출연 받아 재단법인 미르, 288억 원을 출연 받아 재단법인 케이스포츠를 설립하게 하였습니다. 그러나 두 재단법인의 임직원 임면, 사업 추진, 자금 집행, 업무 지시 등 운영에 관한 의사결정은 피청구인과 최서원이 하였고, 재단법인에 출연한 기업들은 전혀 관여하지 못했습니다. 최서원은 미르가 설립되기 직전인 광고회사인 플레이그라운드를 설립하여 운영했습니다. 최서원은 자신이 추천한 임원을 통해 미르를 장악하고 자신의 회사인 플레이그라운드와 용역계약을 체결하도록 하여 이익을 취하였습니다. 그리고 최서원의 요청에 따라, 피청구인은 안종범을 통해 케이티에 특정인 2명을 채용하게 한 뒤 광고 관련 업무를 담당하도록 요구하였습니다. 그 뒤 플레이그라운드는 케이티의 광고대행사로 선정되어 케이티로부터 68억여 원에 이르는 광고를 수주했습니다. 또 안종범은 피청구인 지시로 현대자동차그룹에 플레이그라운드 소개자료를 전달했고, 현대와 기아자동차는 신생 광고

회사인 플레이그라운드에 9억여 원에 달하는 광고를 발주했습니다.

한편, 최서원은 케이스포츠 설립 하루 전에 더블루케이를 설립하여 운영했습니다. 최서원은 노승일과 박헌영을 케이스포츠의 직원으로 채용하여 더블루케이와 업무협약을 체결하도록 했습니다. 피청구인은 안종범을 통하여 그랜드코리아레저와 포스코가 스포츠팀을 창단하도록 하고 더블루케이가 스포츠팀의 소속 선수 에이전트나 운영을 맡기도록 하였습니다. 최서원은 문화체육관광부 제2차관 김종을 통해 지역 스포츠클럽 전면 개편에 대한 문화체육관광부 내부 문건을 전달받아, 케이스포츠가 이에 관여하여 더블루케이가 이득을 취할 방안을 마련했습니다. 또 피청구인은 롯데그룹 회장을 독대하여 5대 거점 체육인재 육성사업과 관련해 하남시에 체육시설을 건립하려고 하니 자금을 지원해 달라고 요구하여 롯데는 케이스포츠에 70억 원을 송금했습니다. 다음으로 피청구인의 이러한 행위가 헌법과 법률에 위배되는지를 보겠습니다. 헌법은 공무원을 '국민 전체에 대한 봉사자'로 규정하여 공무원의 공익실현의무를 천명하고 있고, 이 의무는 국가공무원법과 공직자윤리법 등을 통해 구체화되고 있습니다. 피청구인의 행위는 최서원의 이익을 위해 대통령의 지위와 권한을 남용한 것으로서 공정한 직무수행이라고 할 수 없으며, 헌법, 국가공무원법, 공직자윤리법 등을 위배한 것입니다. 또한, 재단법인 미르와 케이스포츠의 설립, 최성원의 이권 개입에 직간접적으로 도움을 준 피청구인의 행위는 기업의 재산권을 침해하였을 뿐만 아니라, 기업경영의 자유를 침해한 것입니다. 그리고 피청구인의 지시 또는 방치에 따라 직무상 비밀에 해당하는 많은 문건이 최서원에게 유출된 점은 국가공무원법의 비밀엄수의무를 위배한 것입니다.

지금까지 살펴본 피청구인의 법위반 행위가 피청구인을 파면할 만큼 중대한 것인지에 관하여 보겠습니다. 대통령은 헌법과 법률에 따라 권한을 행사하여야 함은 물론, 공무 수행은 투명하게 공개하여 국민의 평가를 받아야 합니다. 그런데 피청구인은 최서원의 국정개입사실을 철저히 숨겼고, 그에 관한 의혹이 제기될 때마다 이를 부인하며 오히려 의혹 제기를 비난하였습니다. 이로 인해 국회 등 헌법기관에 의한 견제나 언론에 의한 감시 장치가 제대로 작동될 수 없었습니다. 또한, 피청구인은 미르와 케이스포츠 설립, 플레이그라운드와 더블루케이 및 케이디코퍼레이션 지원 등과 같은 최서원의 私益 추구에 관여하고 지원하였습니다. 피청구인의 헌법과 법률 위배행위는 재임기간 전반에 걸쳐 지속적으로 이루어졌고, 국회와 언론의 지적에도 불구하고 오히려 사실을 은폐하고 관련자를 단속해 왔습니다. 그 결과 피청구인의 지시에 따른 안종범, 김종, 정호성 등이 부패범죄 혐의로 구속 기소되는 중대한 사태에 이르렀습니다. 이러한 피청구인의 위헌·위법행위는 대의민주제 원리와 법치주의 정신을 훼손한 것입니다.

한편, 피청구인은 對국민 담화에서 진상 규명에 최대한 협조하겠다고 하였으나 정작 검찰과 특별검사의 조사에 응하지 않았고, 청와대에 대한 압수수색도 거부하였습니다. 이 사건 소추사유와 관련한 피청구인의 일련의 언행을 보면, 법 위배행위가 반복되지 않도록 할 헌법수호 의지가 드러나지 않습니다. 결국 피청구인의 위헌·위법행위는 국민의 신임을 배반한 것으로 헌법수호의 관점에서 용납될 수 없는 중대한 법 위배행위라고 보아야 합니다. 피청구인의 법 위배행위가 헌법질서에 미치는 부정적 영향과 파급효과가 중대하므로, 피청구인을 파면함으로써 얻는 헌법수호의 이익이 압도적으로 크다고 할 것입니다. 이에 재판관 전원의 일치된 의견으로 주문을 선고합니다.

주문 피청구인 대통령 박근혜를 파면한다.

이 결정에는 세월호 참사 관련하여 피청구인은 생명권 보호의무를 위반하지는 않았지만, 헌법상 성실한 직책수행의무 및 국가공무원법상 성실의무를 위반하였고, 다만 그러한 사유만으로는 파면 사유를 구성하기 어렵다는 재판관 김이수, 재판관 이진성의 보충의견이 있습니다. 또한 이 사건 탄핵심판은 보수와 진보라는 이념의 문제가 아니라 헌법질서를 수호하는 문제로 정치적 폐습을 청산하기 위하여 파면결정을 할 수 밖에 없다는 재판관 안창호의 보충의견이 있습니다. 이것으로 선고를 마칩니다.

2017. 3. 10.

헌법재판소 재판관 프로필

前 헌법재판소 소장
박한철

1971	제물포고등학교 졸업
1975	서울대학교 법과대학 졸업(법학사)
1981	제23회 사법시험 합격
1983	부산지방검찰청 검사
1986	대전지방검찰청 강경지청 검사
1987	법무부 검찰국 검찰제4과 검사
1990	대통령 비서실 파견
1993	서울시립대학교 대학원 졸업(법학석사)
1994	서울고등검찰청 검사
1995	춘천지방검찰청 속초지청장
1996	헌법재판소 파견(헌법연구관)
1998	인천지방검찰청 특별수사부 부장검사
	인천지방검찰청 형사제4부 부장검사
1999	인천지방검찰청 형사제3부 부장검사
	대검찰청 총무부 기획과장
2001	서울지방검찰청 형사제5부 부장검사
2002	대구지방검찰청 김천지청장
2003	대전지방검찰청 차장검사
2004	수원지방검찰청 제1차장검사
2005	수원지방검찰청 제2차장검사
	서울중앙지방검찰청 제3차장검사
2006	대구고등검찰청 차장검사
	법무부 정책홍보관리실장
2007	울산지방검찰청 검사장
2008	대검찰청 공안부장
2009	대구지방검찰청 검사장
	서울동부지방검찰청 검사장
2010	김&장 법률사무소 변호사
2011	헌법재판소 재판관
2013	헌법재판소장

재판관
(前 헌법재판소장 권한대행)
이정미

1980	마산여자고등학교 졸업
1984	고려대학교 법과대학 졸업
1984	제26회 사법시험 합격

1987	대전지방법원 판사	2000	특허법원 부장판사
1991	인천지방법원 판사	2002	서울고등법원 부장판사
1992	수원지방법원 판사	2006	청주지방법원장
1994	서울가정법원 판사	2008	인천지방법원장
1996	서울지방법원 판사	2009	서울남부지방법원장
1998	서울지방법원 서부지원 판사	2010	특허법원장
1999	서울고등법원 판사	2011	사법연수원장
2002	울산지방법원 부장판사	2012	헌법재판소 재판관
2004	사법연수원 교수		
2007	서울서부지방법원 부장판사		
2009	서울중앙지방법원 부장판사		
2010	부산고등법원 부장판사		
	대전고등법원 부장판사		
2011	헌법재판소 재판관		

재판관
이진성

1974	경기고등학교 졸업
1977	제19회 사법시험 합격
1978	서울대학교 법과대학 법학과 졸업
1980	해군 법무관
1983	부산지방법원 판사
1987	국외교육훈련 파견
	(미국 서던메소디스트대학)
1988	서울지방법원 의정부지원 판사
1990	서울고등법원 판사
1991	서울형사지방법원 판사(직무대리)
1993	대법원 재판연구관
1994	대전지방법원 강경지원장
1997	사법연수원 교수
2000	서울지방법원 부장판사
2001	특허법원 부장판사
2003	서울고등법원 부장판사
2005	서울중앙지방법원
	파산수석부장판사
2008	법원행정처 차장
2010	서울중앙지방법원장
2012	광주고등법원장

재판관
(現 헌법재판소장 권한대행)
김이수

1972	전남고등학교 졸업
1976	서울대학교 법과대학 법학과 졸업
1977	제19회 사법시험 합격
1979	육군 법무관
1982	대전지방법원 판사
1984	대전지방법원 홍성지원 판사
1986	대전지방법원 판사
1987	수원지방법원 판사
1989	서울고등법원 판사
1991	국외교육훈련 파견(미국 텍사스대학)
	대법원 재판연구관
1993	서울민사지방법원 부장판사(직무대리)
	전주지방법원 정주지원장
1996	사법연수원 교수
1999	서울지방법원 부장판사

재판관 김창종

1975	영신고등학교(대구) 졸업
1979	경북대학교 법과대학 법학과 졸업
1980	제22회 사법시험 합격
1983	경북대학교 대학원 졸업(법학석사)
1985	대구지방법원 판사
1990	대구지방법원 경주지원 판사
1992	대구고등법원 판사
1995	대구지방법원 판사
1996	대구지방법원 의성지원장
1997	대구지방법원 부장판사
2001	대구지방법원 김천지원장
2003	대구지방법원 부장판사
2005	대구고등법원 부장판사
2009	대구지방법원 수석부장판사
2010	대구고등법원 수석부장판사
2012	대구지방법원장 대구가정법원장(겸) 헌법재판소 재판관

재판관 안창호

1975	대전고등학교 졸업
1979	서울대학교 사회과학대학 사회학과 졸업
1981	서울대학교 대학원 법학과 수료 제23회 사법시험 합격
1985	서울지방검찰청 검사
1987	대전지방검찰청 서산지청 검사
1988	부산지방검찰청 동부지청 검사
1990	서울지방검찰청 남부지청 검사
1993	법무부 법무실 인권과 검사
1996	부산지방검찰청 검사
1997	전주지방검찰청 정읍지청장 서울고등검찰청 검사(헌법재판소 파견)
1999	법무부 법무실 특수법령과장
2001	대검찰청 기획조정부 기획과장
2002	서울지방검찰청 외사부장검사
2003	대검찰청 공안부 공안기획관
2005	서울고등검찰청 검사
2006	서울중앙지방검찰청 제2차장검사
2007	광주고등검찰청 차장검사
2008	대검찰청 형사부장
2009	대전지방검찰청 검사장 광주고등검찰청 검사장
2011	서울고등검찰청 검사장
2012	헌법재판소 재판관

재판관 강일원

1978	용산고등학교 졸업
1981	제23회 사법시험 합격
1982	서울대학교 법과대학 법학과 졸업
1985	서울형사지방법원 판사
1987	서울민사지방법원 판사
1989	마산지방법원 진주지원 판사
1991	서울지방법원 동부지원 판사
1994	서울민사지방법원 판사 법원행정처 사법정책연구담당관(겸)
1996	서울고등법원 판사 법원행정처 사법정책연구심의관(겸)
1997	국외교육훈련 파견(미국 국립주법원센터)
1999	서울지방법원 판사

	청주지방법원 부장판사
	법원행정처 사법정책연구심의관(겸임)
2001	대법원 재판연구관
2003	서울중앙지방법원 부장판사
2004	법원행정처 법정국장(겸)
2005	서울중앙지방법원 부장판사
2006	법원행정처 윤리감사관(겸)
	대전고등법원 부장판사
2007	서울고등법원 부장판사
	법원행정처 사법정책실장(겸)
2008	대법원 비서실 대법원장비서실장(겸)
2009	법원행정처 기획조정실장(겸)
2012	헌법재판소 재판관

재판관 서기석

1972	경남고등학교 졸업
1977	서울대학교 법과대학 법학과 졸업
1979	제21회 사법시험 합격
1981	서울지방법원 남부지원 판사
1983	서울민사지방법원 판사
1985	마산지방법원 충무지원 판사
1987	서울지방법원 동부지원 판사
1989	서울형사지방법원 판사
1991	서울고등법원 판사
1994	대법원 재판연구관
1998	인천지방법원 부장판사
1999	헌법재판소 파견
	서울지방법원 남부지원 부장판사
2000	서울지방법원 부장판사
2002	서울행정법원 부장판사
2004	대전고등법원 부장판사

	대전지방법원 수석부장판사(직무대리)
2005	서울고등법원 부장판사
2006	서울행정법원 수석부장판사(직무대리)
2010	서울고등법원 수석부장판사
	청주지방법원장
	대전고등법원 청주재판부 부장판사
2012	수원지방법원장
2013	서울중앙지방법원장
	헌법재판소 재판관

재판관 조용호

1973	중앙고등학교 졸업
1977	건국대학교 법경대학 법학과 졸업
1978	제20회 사법시험 합격
1983	대전지방법원 판사
1986	대전지방법원 서산지원 판사
1989	수원지방법원 판사
1990	서울고등법원 판사
1993	대법원 재판연구관
1997	서울지방법원 의정부지원 부장판사
1998	수원지방법원 부장판사
	서울지방법원 동부지원 부장판사
1999	서울행정법원 부장판사
2002	특허법원 부장판사
2004	서울고등법원 부장판사
2009	춘천지방법원장
2010	서울남부지방법원장
2011	광주고등법원장
2012	서울고등법원 부장판사
2013	서울고등법원장
	헌법재판소 재판관

한국의 법치주의는 죽었다

지은이 | 金平祐
펴낸이 | 趙甲濟
펴낸곳 | 조갑제닷컴
초판 1쇄 | 2017년 3월31일

주소 | 서울 종로구 새문안로3길 36, 1423호
전화 | 02-722-9411~3
팩스 | 02-722-9414
이메일 | webmaster@chogabje.com
홈페이지 | chogabje.com

등록번호 | 2005년 12월2일(제300-2005-202호)
ISBN 979-11-85701-53-0-03340

값 10,000원

*파손된 책은 교환해 드립니다.